विनोबा के उद्धरण

साहित्य-चिन्तन पर एकाग्र

रज़ा फ़ाउण्डेशन | THE RAZA FOUNDATION

विनोबा के उद्धरण

साहित्य–चिन्तन पर एकाग्र

चयन और सम्पादन
नन्दकिशोर आचार्य

राजकमल प्रकाशन

रज़ा पुस्तक माला : **उद्धरण** | **संचयन**
प्रधान सम्पादक : अशोक वाजपेयी | सम्पादक : पीयूष दईया
राजकमल प्रकाशन प्रा.लि. और रज़ा फ़ाउण्डेशन का सह-प्रकाशन

ISBN-978-93-88753-09-8

मूल्य : ₹175

पहला संस्करण : 2019

प्रकाशक : राजकमल प्रकाशन प्रा. लि.
1-बी, नेताजी सुभाष मार्ग, दरियागंज
नई दिल्ली-110 002

शाखाएँ : अशोक राजपथ, साइंस कॉलेज के सामने, पटना-800 006
पहली मंजिल, दरबारी बिल्डिंग, महात्मा गांधी मार्ग, इलाहाबाद-211 001
36 ए, शेक्सपियर सरणी, कोलकाता-700 017

वेबसाइट : www.rajkamalprakashan.com
ई-मेल : info@rajkamalprakashan.com

मुद्रक : यश प्रिंटोग्राफिक्स
नोएडा-201 301 (उत्तर प्रदेश)

VINOBA KE UDDHARAN
Selected & Edited by Nandkishore Acharya

आमुख

अशोक वाजपेयी

आमुख

कलाओं में भारतीय आधुनिकता के एक मूर्धन्य सैयद हैदर रज़ा एक अथक और अनोखे चित्रकार तो थे ही उनकी अन्य कलाओं में भी गहरी दिलचस्पी थी। विशेषतः कविता और विचार में। वे हिन्दी को अपनी मातृभाषा मानते थे और हालाँकि उनका फ्रेंच और अँग्रेज़ी का ज्ञान और उन पर अधिकार गहरा था, वे, फ्रांस में साठ वर्ष बिताने के बाद भी, हिन्दी में रमे रहे। यह आकस्मिक नहीं है कि अपने कला-जीवन के उत्तरार्द्ध में उनके सभी चित्रों के शीर्षक हिन्दी में होते थे। वे संसार के श्रेष्ठ चित्रकारों में, २०-२१वीं सदियों में, शायद अकेले हैं जिन्होंने अपने सौ से अधिक चित्रों में देवनागरी में संस्कृत, हिन्दी और उर्दू कविता में पंक्तियाँ अंकित कीं। बरसों तक मैं जब उनके साथ कुछ समय पेरिस में बिताने जाता था तो उनके इसरार पर अपने साथ नवप्रकाशित हिन्दी कविता की पुस्तकें ले जाता था : उनके पुस्तक-संग्रह में, जो अब दिल्ली स्थित रज़ा अभिलेखागार का एक हिस्सा है, हिन्दी कविता का एक बड़ा संग्रह शामिल था।

रज़ा की एक चिन्ता यह भी थी कि हिन्दी में कई विषयों में अच्छी पुस्तकों की कमी है। विशेषतः कलाओं और विचार आदि को लेकर। वे चाहते थे कि हमें कुछ पहल करनी चाहिये। २०१६ में साढ़े चौरानवे वर्ष की आयु में उनकी मृत्यु के बाद रज़ा फ़ाउण्डेशन ने उनकी इच्छा का सम्मान करते हुए हिन्दी में कुछ नयी क़िस्म की पुस्तकें प्रकाशित करने की पहल *रज़ा पुस्तक माला* के रूप में की है, जिनमें कुछ अप्राप्य पूर्व प्रकाशित पुस्तकों का पुनर्प्रकाशन भी शामिल है। उनमें गाँधी, संस्कृति-

चिन्तन, संवाद, भारतीय भाषाओं से विशेषत: कला-चिन्तन के हिन्दी अनुवाद, कविता आदि की पुस्तकें शामिल की जा रही हैं। सभी पुस्तकों पर रज़ा साहब और उनके समकालीन मित्र चित्रकारों आदि की प्रतिकृतियाँ आवरणों पर होंगी।

हमारे समय में ऐसे लोग विरले हैं जो किसी अन्य क्षेत्र में सक्रिय और निष्णात होते हुए साहित्य के बारे में कुछ विचारपूर्वक लिखें-कहें। महात्मा गाँधी के आध्यात्मिक उत्तराधिकारी और अपने समय में अनूठे सन्त विनोबा भावे ने साहित्य पर कई बार विचार किया है जो अकसर हमारे ध्यान में नहीं आया और आता है। वरिष्ठ कवि-आलोचक नन्दकिशोर आचार्य ने विनोबा के साहित्य-चिन्तन को संकलित कर साहित्य पर सोचने की नयी और विस्मृत दृष्टि को पुनरुज्जीवित किया है। हमें प्रसन्नता है कि रज़ा साहब के अत्यन्त प्रिय विनोबा जी की यह सामग्री हम प्रस्तुत कर रहे हैं।

अशोक वाजपेयी
दिसम्बर २०१८, नयी दिल्ली

साहित्य दीखता नहीं
नन्दकिशोर आचार्य

साहित्य दीखता नहीं

> विज्ञान-शक्ति, आत्मज्ञान शक्ति, साहित्य-शक्ति—समाज को मोड़ देने में इन्हीं तीन शक्तियों से विशेष मदद मिलती है। इन्हीं की छाप समाज और व्यक्ति के हृदय पर पड़ती है। इनमें भी साहित्य-शक्ति उभयान्वयी और अव्यय है। वह विज्ञान और आत्मज्ञान, दोनों के छोरों को मिलाती है और अव्यय यानी अखण्ड रहती है। इस शक्ति के कारण मानव-हृदय पर बहुत बड़ा और गहरा संस्कार होता है।

विज्ञान और अध्यात्म पर विचार करते हुए विनोबा दोनों की एक अद्भुत समानता की ओर ध्यान आकर्षित करते हुए कहते हैं कि जिस प्रकार विज्ञान में कुछ भी अन्तिम नहीं है, उसी तरह अध्यात्म या आत्मज्ञान में भी कुछ भी अन्तिम नहीं है अर्थात् जिस तरह विज्ञान कभी भी सत्य को अन्तिम रूप से जानने का दावा नहीं कर सकता, उसी प्रकार अध्यात्म भी यह दावा नहीं कर सकता। तात्पर्य यह कि विज्ञान और अध्यात्म दोनों ही निरन्तर विकासशील और गत्यात्मक प्रक्रियाएँ हैं—

> जिस तरह विज्ञान बढ़ रहा है, उसमें नयी-नयी खोजें हो रही हैं और भविष्य में भी होंगी, उसी तरह अध्यात्म में भी ऐसी ही खोजें होंगी।

विनोबा के इस कथन का सीधा उपप्रमेय तब यह भी होता है कि साहित्य में भी कुछ भी अन्तिम नहीं हो सकता। सत्यान्वेषण की प्रक्रिया होने के नाते उसे भी किसी अन्तिम मान लिये गये सत्य का प्रस्तोता मात्र नहीं माना जा सकता। यहाँ तक कह सकते हैं कि उसे किसी अन्य विचारधारा या दर्शन-पद्धति का प्रस्तोता होना तो दूर की बात स्वयं विनोबा-दर्शन के उद्देश्य के लिए भी इस्तेमाल नहीं किया जा सकता। साहित्य, स्वयं

विनोबा के लिए, ज्ञान की एक स्वायत्त विधा और प्रक्रिया है और इसी कारण वह यह उचित नहीं मानते कि उसे उनके अपने 'भूदान' कार्यक्रम का भी प्रस्तोता होना चाहिए। वह कहते हैं—

> मैंने सुना कि आप भूदान के लिए कुछ लिख रहे हैं। सुनकर मैंने कहा कि अगर यह होगा तो साहित्य ख़त्म है। अपनी अनुभूति से, जीवन की अनुभूति से लिखें और ऐसी कुशलता से लिखें कि बाबा को भी पता न लगे कि यह भूदान के लिए लिखा गया है।

विनोबा की दृष्टि में, इसीलिए उच्चतम कोटि का साहित्य मूलतः सत्यान्वेषण की स्वायत्त प्रक्रिया है—अनुभूत्यात्मक अन्वेषण की प्रक्रिया—और इसीलिए, वह उसे विज्ञान और आत्मज्ञान के समकक्ष—बल्कि शायद अधिक महत्त्वपूर्ण दर्जा देते हैं तथा साहित्य की शक्ति को 'परमेश्वर की शक्ति के बराबर' मानते हैं और तभी वह यह कह पाते हैं कि—

> जो सम्प्रदाय में बद्ध हैं, वे चिरन्तन साहित्यिक नहीं होते हैं। वे तो तात्कालिक साहित्यिक होते हैं। चिरन्तन साहित्यिक तो वे होते हैं, जो जब सम्प्रदाय पन्थ, सम्प्रदाय वग़ैरह से भिन्न होते हैं, परे होते हैं।

इसीलिए, साहित्यकारों की एकाधिक कोटियों को स्वीकार करते हुए भी वह सर्वाधिक महत्त्व उन साहित्यकारों को देते हैं, जिन्होंने किसी नये मार्ग का अन्वेषण किया होता है। वह स्पष्ट कहते हैं—

> कुछ मार्ग ढूँढ़नेवाले हैं, जो बहुत ही उच्च कोटि के होते हैं। कुछ मार्ग जाननेवाले हैं, जो दूसरे दर्जे की पदवी प्राप्त करते हैं। और कुछ मार्ग दिखानेवाले हैं, जिनको तीसरे दर्जे की पदवी प्राप्त है। ये तीनों पदवियाँ जैसे हिमालय के ऊँचे से ऊँचे शिखर होते हैं, वैसी ही कुछ कम-बेशी होती हैं।

नया मार्ग ढूँढ़ने का तात्पर्य है सत्य के अनुभूत्यात्मक अन्वेषण की नयी विधि या प्रक्रिया। इसका तात्पर्य है सत्य के नये रूप का अन्वेषण या सत्य की नयी रूपानुभूति की प्रक्रिया। यह प्रक्रिया, विनोबा के अनुसार, केवल लेखक तक ही सीमित नहीं रहती बल्कि पाठक या ग्रहीता में भी घटित होती है। वह, इसलिए अर्थ की निश्चितता को उत्तम साहित्य का गुण नहीं मानते। कह सकते हैं कि उत्तर-आधुनिकतावादी साहित्य-चिन्तकों की तरह वह साहित्यिक रचनात्मकता को अर्थ की निरंकुशता से मुक्ति के पक्षधर हैं। गीता और रामायण को वह उत्तम साहित्य इसलिए मानते हैं

क्योंकि उनके अर्थ या तात्पर्य के विषय में मतभेद हैं तथा उनकी एकाधिक बल्कि कई बार परस्पर-विरोधी व्याख्याएँ भी होती रही हैं। वह तो यहाँ तक कह देते हैं कि—

> जिस साहित्य के तात्पर्य के विषय में मतभेद न हो और तात्पर्य निश्चित कहा जा सके, उसमें साहित्य-शक्ति कम प्रकट होती है।

उनके विचार में जिस साहित्य में स्पष्ट दीखता हो, वह कुछ निचली कोटि का है। 'ज्ञानेश्वरी' तक के बारे में वह यह कहते हुए नहीं हिचकते कि ज्ञानेश्वर के 'अमृतानुभव' की तुलना में वहाँ कुछ हेठापन है क्योंकि "'ज्ञानेश्वरी' में दीखता है, 'अमृतानुभव' में है, पर दीखता नहीं। न दीखना, यह बहुत ही बड़ा होना होता है। दीखने में जो होता है, प्रकट होता है, उससे न दीखने में जो होता है, वह बहुत बड़ा होता है। साहित्य दीखता नहीं। उसका जितना सूक्ष्म चिन्तन करेंगे, उतना वह हमें व्यापक दर्शन देगा।" इसीलिए, वह साहित्य में व्यंजना को, सुझाने को, महत्त्व देते हैं।

व्यंजना या लक्षणा के ही कारण अर्थ या तात्पर्य की विविधता सम्भव होती है क्योंकि प्रत्येक पाठक उसे भिन्न प्रकार से ग्रहण करता या कर सकता है। साहित्य का उद्‌गम अव्यक्त में होता है, अतः उसमें कुछ अस्पष्टता बनी ही रहती है। विनोबा की दृष्टि में यह अस्पष्टता लेखक की किसी कमज़ोरी के चलते नहीं बल्कि उसकी अनुभूति की गहराई और संश्लिष्टता की वजह से आती है और इसीलिए किसी श्रेष्ठ रचना के विविध भाष्य सम्भव होते हैं। इस तरह, विनोबा उन साहित्यिक सैद्धान्तिकों की पंक्ति में आ खड़े होते हैं जो अर्थ या तात्पर्य को पाठकाश्रित मानते हैं। वह मानते हैं कि किसी रचना के न केवल परस्पर विरोधी भाष्य लिखे जा सकते हैं, बल्कि ऐसा भी भाष्य लिखा जा सकता है, जो स्वयं लेखक के अपने मन्तव्य के विरोध में हो और सम्भव है कि न केवल अन्य लोग, बल्कि स्वयं लेखक भी उसे स्वीकार कर ले, क्योंकि

> कवि को जो सूझता है, वह उसके स्पष्ट चिन्तन के बाहर की चीज़ है।

साहित्य के सत्य की अनुभूत्यात्मक प्रक्रिया होने के कारण विनोबा अपनी अनुभूति के प्रति निष्ठा को साहित्यकार के लिए अनिवार्य मानते हैं—यही साहित्यकार की नैतिकता है। इसीलिए वह लेखक के जीवन के पुण्यमय

न होने पर भी उसके पक्ष का समर्थन कर सकते हैं, बशर्ते वह 'सच्चा पापी' हो। वह यहाँ तक कह देते हैं कि "उस हालत में वह चाहे नरक में जाये, लेकिन उसके काव्य से मैं मोक्ष पा सकता हूँ।" लेकिन, ऐसा तभी सम्भव हो सकता है, जब लेखक स्वयं अपने अनुभव के प्रति भी निरपेक्ष होकर उसे देख सके। यहाँ औपनिषदिक सूत्र 'द्वासुपर्णा सयुजा सखाय' का स्मरण हो आता है, जहाँ भोक्ता और द्रष्टा चेतनाओं के पार्थक्य को संकेतित किया गया है और टी.एस. एलियट जिसे भोगनेवाले व्यक्ति और रचनेवाले कलाकार का पार्थक्य बताते हुए कहते हैं कि जितना बड़ा यह पार्थक्य होगा, कलाकार भी उतना ही बड़ा होगा। विनोबा वेदव्यास को ऐसा ही लेखक मानते हुए कहते हैं कि

> साहित्यिक को संसार के खेल में द्रष्टा होना चाहिए। यदि वह खेल का पात्र हो, तो यथार्थ चित्र नहीं खींच सकेगा।...व्यास ख़ुद अलग हो गये, यानी लेखक के तौर पर व्यास ने अलग होकर लिखा। इस तरह सृष्टि और संसार से अलग होने की शक्ति जिसमें होगी, वह उत्तम साहित्यिक होगा।" आधुनिक साहित्य में ज्याँ जेने इसका सर्वोत्तम उदाहरण कहे जा सकते हैं। ऐसा होने पर ही वैयक्तिक अनुभव साधारणीकृत होकर मानव-मात्र का अनुभव हो पाता है। विनोबा के शब्दों में ऐसा होना ही भागवत में उल्लिखित 'महानुभूति सकलानुभूति है' और जो ऐसा 'विश्वानुभूति' कर पाता है तथा सर्वभूत हृदय होगा, जिसके मन में संकुचितता नहीं होगी, वही साहित्यिक होगा। और भागवत के अनुसार, ऐसा सारस्वत साहित्य जनता के पापों को धोनेवाला होगा।

विनोबा की दृष्टि में सभी रचनात्मकता का अहंकारमुक्त होना आवश्यक है क्योंकि तभी 'मैं' की समाप्ति होकर साहित्य का उदय हो सकता है—सकलानुभूति का साहित्य। यह शायद वही बात है जिसे एलियट 'निर्वैयक्तिक अभिव्यक्ति' कहते हैं, जहाँ लेखक की उपस्थिति केवल 'कैटालिक एजेंट' की रहती है।

साहित्य के भविष्य को लेकर भी विनोबा पूर्ण आस्थावान हैं। उनका मानना है कि भविष्य में धर्म और राजनीति का स्थान आत्मज्ञान और विज्ञान लेंगे, इसलिए इन दोनों को जोड़नेवाली शक्ति साहित्य के भी नये आयाम उद्घाटित होंगे।

वह कहते हैं कि विज्ञान के कारण ज्ञान के साथ-साथ अज्ञान का क्षेत्र भी

बढ़ता जाता है और इस कारण साहित्यिक कल्पना-शक्ति के भी नये आयाम खुल जाते हैं क्योंकि 'गूढ़ता का ख़याल जितना बढ़ता है, उतना काव्य बढ़ता है।' वह तो यहाँ तक कह देते हैं कि व्यक्त और अव्यक्त की बढ़ती सम्भावनाओं के कारण 'ऐसा साहित्य निकलेगा कि दान्ते और शेक्सपियर वाल्मीकि और कालिदास फीके पड़ेंगे।' यदि हम यह मानते हों कि मानव-चेतना निरन्तर विकासशील है तो निश्चय ही विनोबा के इस विश्वास को निराधार नहीं कहा जा सकता।

विनोबा न केवल कई भारतीय और विदेशी भाषाओं—मुख्यतः 'क्लासिकल' भाषाओं का ज्ञान रखते बल्कि उन भाषाओं के साहित्य के भी गहन अध्येता होने का प्रमाण अपने प्रचुर साहित्य में देते हैं—केवल धार्मिक या आध्यात्मिक कहे जाने वाले साहित्य का ही नहीं, जिसे लौकिक या 'सेकुलर' अथवा ललित साहित्य कहा जा सकता है, उसका भी। उनके लेखन में वाल्मीकि, व्यास को लेकर ही नहीं कालिदास, रवीन्द्रनाथ, शेक्सपियर, वर्ड्सवर्थ, मिल्टन आदि को लेकर भी अन्तर्दृष्टिपूर्ण टिप्पणियाँ मिल जाती हैं। उन्होंने रवीन्द्रनाथ की कई कविताओं की व्याख्या के साथ-साथ 'गोल्डन ट्रेजरी' की कविताओं की भी व्याख्या लिखी है। विनोबा के साहित्य-चिन्तन से सम्बन्धित लेखों और टिप्पणियों का यह चयन साहित्य-अध्येताओं की ही नहीं, सामान्य पाठक-वर्ग की साहित्यिक समझ को भी निश्चय ही उत्प्रेरित कर सकेगा, ऐसी उम्मीद की जा सकती है।

—नन्दकिशोर आचार्य

१६ जून, २०१८
(ईद-उल-फितर)

क्रम

आमुख : अशोक वाजपेयी

साहित्य दीखता नहीं : नन्दकिशोर आचार्य ७
तीन शक्तियाँ १५
साहित्य की महिमा १८
उत्तम साहित्य के लक्षण २९
साहित्य की कला-कुशलता ४६
शब्द-शक्ति ५७
भारत में शब्द-परम्परा ६७
साहित्यिक विवाद के कुछ मुद्दे ७४
विज्ञानयुग में साहित्य ८६
साहित्य और साहित्यिकों से मेरा सम्बन्ध ९२
साहित्य के लिए कुछ परहेज़ ९८
कुछ व्यावहारिक बातें १०५
काव्य-सूत्र : साहित्य के लक्षण ११५
वेदव्यास १२०
महाभारत १२३

कालिदास १२८
देवर्षि रवीन्द्रनाथ १३७
वर्ड्स्वर्थ १४८
शेक्सपियर १५२
मिल्टन १५४

तीन शक्तियाँ

उभयान्वयी और अव्यय

विज्ञान-शक्ति, आत्मज्ञान-शक्ति, साहित्य-शक्ति—समाज को मोड़ देने में इन्हीं तीन शक्तियों से विशेष मदद मिलती है। इन्हीं की छाप समाज और व्यक्ति के हृदय पर पड़ती है।

इनमें भी साहित्य-शक्ति उभयान्वयी और अव्यय है। वह विज्ञान और आत्मज्ञान, दोनों के छोरों को मिलाती है और अव्यय यानी अखण्ड रहती है। इस शक्ति के कारण मानव-हृदय पर बहुत बड़ा और गहरा संस्कार होता है।

दुनिया को आकार देनेवाली

लोकजीवन बदलना या उस पर स्थायी असर डालना उन्हीं से बन सका, जिन्होंने या तो कुछ आध्यात्मिक खोज की थी या कुछ वैज्ञानिक खोज। विज्ञान का असर दुनिया के जीवन पर हुआ है और आगे भी होगा। आत्मज्ञान का असर भी अब तक के इतिहास में बहुत हुआ है और आगे भी होनेवाला है। लोकजीवन पर असर डालनेवाली एक तीसरी शक्ति है। और वह है साहित्य की शक्ति। वह विज्ञान और आत्मज्ञान की शक्ति को जोड़नेवाली शक्ति है। वह विज्ञान और आत्मज्ञान को समन्वित कर लोगों के सामने समुचित शब्दों में व्यक्त करती है, ताकि लोगों के चित्त पर उनके ज़रिये थोड़े में विचार की पकड़ रहे।

इस तरह वैज्ञानिक, आध्यात्मिक खोज करनेवाले और शब्द-शक्ति में नये-नये शब्द खोजकर लोगों के चिन्तन के लिए जिन लोगों ने कुछ-न-

कुछ दिया है, वे ही लोग दुनिया को आकार देंगे। इसलिए हमें साहित्य की शक्ति को भी पहचानना चाहिए। शब्द-शक्ति की अगर हम उपासना नहीं करेंगे, तो हम हार खायेंगे।

देहरी पर दीपक

जब यह पूछा जाता है कि दुनिया को बनाने में परमेश्वर के अलावा किसका हिस्सा है, तो कोई कहता है कि राजनैतिक पुरुषों ने दुनिया बनायी। बाबर आया, उसने यह-यह किया, क्लाइव आया और उसने यह-यह किया। बहुत बड़े लम्बे-चौड़े इतिहास लिखे जाते हैं और इतिहास के नाम से कहानियाँ लिखी जाती हैं और स्कूलों में भी वह इतिहास रटाया जाता है। लेकिन उस बाबर और क्लाइव का आज के समाज-जीवन में न कोई पता है, न कोई उनका हिसाब है। दुनिया को बनाने में तीन ताक़तें ही काम करती हैं—(१) विज्ञान, (२) आत्मज्ञान और (३) साहित्य।

वैज्ञानिक दुनिया के जीवन को रूप देते हैं। मेरे सामने लाउडस्पीकर है, इसलिए इतने सब लोग शान्ति से सुन रहे हैं। वह अगर न होता, तो मुझे आपके दर्शन और प्रणाम करके निकल जाना पड़ता और बोलना ही पड़ता, तो छोटी-सी जमात में बोलता। इतनी बड़ी संख्या में सब लोग शान्ति से सुन सकते हैं, इसकी कल्पना पहले के मनुष्य को कभी नहीं आयी होगी। लेकिन अब जीवन में यह परिवर्तन हुआ कि लाउडस्पीकर आ गया। इससे केवल स्थूल परिवर्तन ही नहीं होता है, मानसिक परिवर्तन भी होता है। प्रिंटिंग प्रेस के कारण आज ज्ञान-विज्ञान का जितना प्रचार हो सकता है, करोड़ों की तादाद में किताबें छपती हैं, पूर्वजों को उसका क्या ख़याल रहा होगा? जीवन को बदलनेवाली ये सारी चीज़ें वैज्ञानिकों के कारण होती हैं।

दुनिया को बनानेवाली दूसरी ताक़त, जो जीवन को आकार देती है, आत्मज्ञान है। जहाँ-जहाँ आत्मज्ञान पैदा हुआ, वहाँ पूरा-का-पूरा जीवन बदल गया। गौतम बुद्ध, ईसामसीह, मुहम्मद पैगम्बर, लाओत्से, ज्ञानदेव, तुलसीदास, माणिक्कवाचकर आदि महाज्ञानी लोग समय-समय पर आये और एक-एक शख़्स के आगमन से लोगों के जीवन का स्वरूप बदला। जीवन को बदलनेवाली आत्मज्ञान यह दूसरी ताक़त है।

दुनिया को बनाने में तीसरी ताक़त साहित्यिकों की है। वाल्मीकि, व्यास, शेक्सपियर, होमर, शंकराचार्य, रवीन्द्रनाथ ऐसे लोग दुनिया में आये और दुनिया को ऐसी चीज़ दे गये, जो सदा के लिए उसकी मदद में आये। जब शान्ति की ज़रूरत थी, तब शान्ति देनेवाली चीज़ उन्होंने दी। जब उत्साह की ज़रूरत थी, तब उत्साह देनेवाली चीज़ दी। जब आशा की ज़रूरत थी, तब आशा देनेवाली चीज़ दी। जिस समाज को जिस चीज़ की ज़रूरत थी, उसे लोगों के पास इन लोगों ने ही पहुँचाया। इससे समाज का जीवन बदला। जो बड़ी-बड़ी क्रान्तियाँ हुईं, उसके पीछे विचारक और साहित्यिक थे, जिन्हें क्रान्तदर्शन था।

इन तीन ताक़तों ने आज तक दुनिया बनायी और इसके आगे भी जीवन के ढाँचे को स्वतन्त्र रूप देनेवाली ये ही ताक़तें हो सकती हैं। विज्ञान, आत्मज्ञान और वाक्-शक्ति मनुष्य का जीवन बदलती हैं। विज्ञान से स्थूल रूप बदल जाता है, और मन पर असर डालनेवाली परिस्थिति पैदा होती है। लेकिन वह सीधा मन पर असर नहीं कर सकता। वाणी विज्ञान से भी आगे जाकर सीधी हृदय पर असर करती है और हृदय तक पहुँच जाती है। आत्मज्ञान अन्दर प्रकाश डालता है। विज्ञान बाहर रहता है, आत्मज्ञान अन्दर रहता है, और इन दोनों के बीच में रहकर वाणी पुल बनती है। वह दोनों किनारों का संयोग करती है और दोनों किनारों पर रोशनी भी डालती है। तुलसीदासजी ने कहा है—

> राम नाम मनि दीप धरु जीह देहरीं द्वार
> तुलसी भीतर बाहेरहुँ जौं, चाहसि उजिआर॥
>
> —अगर तू अन्दर और बाहर, दोनों ओर उजाला चाहता है, प्रकाश चाहता है, तो यह रामनामरूपी दीप जिह्वारूपी द्वार पर रख ले। रामनामरूपी दीया जलाते ही बाहर और भीतर, सभी जगह प्रकाश फैल जाता है।

वाणी मनुष्य को भगवान से मिली अप्रतिम देन है, जो जानवरों को नहीं मिली है। मनुष्य को वाणी की जो देन मिली है, वह बड़ी भारी शक्ति है। वह दुनिया को बनानेवाली तीसरी ताक़त है।

साहित्य की महिमा

लोक-हृदय को छूनेवाला देवर्षि

चिन्तन की एक शक्ति होती है, जो आत्मा की गहराई में जाकर विश्व की सूक्ष्मता में प्रवेश करके जीवन के सिद्धान्तों का शोध करती है। इस चिन्तन-शक्ति के अभाव में समाज लूला बन जायेगा, प्रगति रुक जायेगी। जो ब्रह्मर्षि होते हैं, वे संसार को जीवन के तत्त्वज्ञान का चिन्तनात्मक सार देते हैं, जिसमें जीवन की समस्याओं का हल रहता है।

दूसरी शक्ति सेवा की होती है। ब्रह्मर्षियों द्वारा प्राप्त चिन्तन के आधार पर समाज-सेवक लोकसेवा में रत रहते हैं, जिन्हें राजर्षि कहते हैं। ऐसे सेवा करनेवाले सेवक न रहें, तो समाज का न केवल एक अंग ही क्षीण हो जायेगा, अपितु सारा समाज शुष्क हो जायेगा।

तीसरी शक्ति साहित्य की है। जिन विचारों का ज्ञानियों को अनुभव होता है और जो आत्मा की गहराई में सिद्ध हो चुके होते हैं, उन विचारों को चुने हुए शब्दों में, लोकवाणी में वे ज्ञानी प्रकट करते हैं। जिससे कि लोग उन्हें ग्रहण कर सकें। इसमें विचार को तो पहचानना पड़ता ही है, लेकिन उस विचार को वाणी का बाना पहनाना पड़ता है, वरना उचित शब्दों के अभाव में, प्रकाश के बजाय अप्रकाश भी हो सकता है। एक-एक शब्द के बारे में विवेक रखना पड़ता है, ताकि न न्यून भाव प्रकट हो, न अतिरिक्त भाव, न विपरीत भाव। यह तीसरी शक्ति—जनता के हृदयों तक विचार पहुँचाने की कुशलता की शक्ति जिनमें होती है, उन्हें 'देवर्षि' कहते हैं।

इस तरह साहित्यकारों को लोक-हृदय के अनुकूल परिपूर्ण शब्द प्रकट करने की कुशलता साधनी चाहिए। अर्थात् सम्यक्, मधुर और कुशल,

तीनों तरह की वाणी बोलना एक महान साधना है। देवर्षि का लक्षण है—सबके लिए प्रेम से भरा हुआ दिल। सबके विचारों को परखने के लिए बुद्धि की तटस्थता, वाणी की निर्विकारता और अपने बारे में निरहंकारिता ज़रूरी है।

द्रष्टा-शोधक-मार्गदर्शक

मैं साहित्यिक को द्रष्टा समझता हूँ और मार्गदर्शक मानता हूँ। ऋग्वेद में वर्णन आया है, 'शिक्षा शचिष्ठ गातुवित्' (ऋसा ८.८.९)—मार्ग जाननेवाले, मार्ग ढूँढ़नेवाले और मार्ग दिखानेवाले, ऐसे तीन प्रकार के लोग होते हैं। साहित्यिकों की गिनती इन तीनों वर्ग में होती है। कुछ मार्ग ढूँढ़नेवाले हैं, जो बहुत ही ऊँची कोटि के होते हैं। कुछ मार्ग जाननेवाले हैं, जो दूसरे दर्जे की पदवी प्राप्त करते हैं। और कुछ मार्ग दिखानेवाले हैं, जिनको तीसरे दर्जे की पदवी प्राप्त है। ये तीनों पदवियाँ जैसे हिमालय के ऊँचे-से-ऊँचे शिखर होते हैं, वैसी ही कुछ कम-बेशी होती हैं।

सबसे अधिक योग्यता मैं उनकी मानता हूँ, जो मार्ग ढूँढ़नेवाले होते हैं। वे नये मार्ग खोजते हैं, बहुत हिम्मत से आगे बढ़ते जाते हैं, अपनी चीज़ नहीं खोते और दुनिया की मार खाते रहते हैं। दूसरे दर्जे के वे होते हैं, जो नये मार्ग की खोज नहीं करते, बल्कि जो मार्ग बन चुका है और काफ़ी सुरक्षित है, लेकिन लोग उसे नहीं जानते, उसे ये लोग जानते हैं। तीसरी पदवी उनको प्राप्त है, जिनको यह प्रेरणा हुई है कि लोगों को मार्ग बतायें। चाहे वह मार्ग सबसे ऊँचा न हो, लेकिन आज लोग भटकते रहते हैं इसलिए उन्हें अच्छे मार्ग पर लायें, उन्हें मार्ग बतायें। ऐसे त्रिविध साहित्यिक होते हैं।

ईश्वर से भी ऊँचा

साहित्य की शक्ति पर मेरा बहुत विश्वास है। मैं मानता हूँ कि साहित्य की शक्ति परमेश्वर की शक्ति के बराबर होती है। मैंने यह धृष्टतापूर्ण वाक्य कहा है। ब्रह्माण्ड में जो है, उसे ईश्वर की शक्ति माना जाता है। ब्रह्माण्ड में जो है, वह सब तो साहित्यिकों की वाणी में आता ही है, परन्तु जो ब्रह्माण्ड में नहीं है, वह भी साहित्यिकों की वाणी में आता है। शश-शृंग ईश्वर की सृष्टि में नहीं है, परन्तु साहित्यिकों की सृष्टि में है। आकाश-

पुष्प को किसने देखा है? परन्तु साहित्यिकों की सृष्टि में वह है। आकाश-गंगा भी आकाश में तो नहीं है, लेकिन साहित्यिकों की सृष्टि में है। साहित्यिक तो आकाश में, पाताल में और धरती पर गंगा की धारा देखते हैं। इस तरह वे गंगा की तीन-तीन धाराएँ देखते हैं। लेकिन ईश्वर की सृष्टि में गंगा की एक ही धारा है, जो हिमालय से निकलती है और गंगासागर में लीन हो जाती है। इसलिए साहित्यिकों के पास बहुत शक्ति पड़ी है।

तीसरी आँख

कवि का अर्थ दो-चार शब्द जोड़नेवाला नहीं है, कवि 'क्रान्तदर्शी' होता है। उसे उस पार का दर्शन होता है। इस पार को देखनेवाली दो आँखें हैं, यह तो बड़ा उपकार है ही। वे हमारे सामने सजी हुई दुनिया पेश करती हैं, दुनिया की रौनक दिखाती हैं। सृष्टि का सौन्दर्य हम इन दो आँखों से ही ग्रहण करते हैं, लेकिन ये दो आँखें गुनहगार भी हैं। इन दो आँखों के परे एक तीसरी भी चीज़ है, जो इन दो आँखों के कारण छिप जाती है। इस दुनिया से बहुत ही ख़ूबसूरत एक दूसरी दुनिया है, जो हमारी इन दो आँखों के कारण छिपी हुई रहती है। इन आँखों के कारण मनुष्य उस ख़ूबसूरत दुनिया की ओर आकर्षित ही नहीं होता, वहाँ उसकी पहुँच ही नहीं होती।

जब यह तीसरी आँख खुल जाती है, तब उसका दर्शन होता है। उस दर्शन से दुनिया के सर्वसामान्य व्यवहार के पीछे, उसके अन्दर और उसकी तह में कौन-सी ताक़तें काम कर रही हैं, उनका दर्शन होता है। उनमें से फिर काव्य-स्फूर्ति, साहित्य निकलता है।

दर्शन की प्रसव-वेदना

भगवान की वैसे तो अनन्त शक्तियाँ हैं, पर साहित्य में उनकी एक कला प्रकट हुई है, और वह प्रेरणा है जो कवि और साहित्यिकों को प्रेरित करती है। वह शक्ति कवि और साहित्यिक ही जानते हैं, दूसरे को इसका दर्शन ही नहीं।

मुहम्मद पैगम्बर के लिए कहा गया है कि जब वे समाधि में लीन होते थे, तब इतने पसीना-पसीना हो जाते थे कि उनके नज़दीक के लोग बिलकुल घबड़ा जाते थे। पता नहीं कि तप हो रहा है या तकलीफ़ हो रही है। लेकिन

वह 'वही' थी। 'वही' अरबी शब्द है, जिसका अर्थ यह होता है कि वह चीज़ जो परमेश्वर का सन्देश मनुष्य के पास पहुँचाती है।

परमेश्वर का सन्देश जब मनुष्य के हृदय पर सवार होता है, तब ऐसे व्यक्ति को बड़ी वेदना और 'टॉर्चर' होता है। उस वेदना को प्रसूति-वेदना की मिसाल दी जा सकती है। प्रसूति में जो वेदनाएँ होती हैं, उनसे बहुत ज़्यादा वेदनाएँ इसमें होती हैं, यह मैं अपने अनुभव से कह सकता हूँ। उस समय ऐसा महसूस होता है, मानो हम अपने को बिलकुल खो रहे हैं और कोई चीज़ हम पर हावी हो रही है। कोई ऐसी चीज़, जिसे हम टाल नहीं सकते हैं, जिसे टालना चाहते हैं, टले तो अच्छा ऐसा लगता है, लेकिन टल नहीं सकती, ऐसी कोई चीज़ सवार होती है। इस वेदना के अन्त में वह दर्शन होता है, जो लोगों को चखने को मिलता है। लोग तो इतना ही समझेंगे कि अच्छी चीज़ चखने को मिली, लेकिन उन्हें वह वेदना मालूम नहीं, जो कवि और साहित्यिक को मालूम है।

चिनगारी ही काफ़ी

साहित्यिक किसी सम्प्रदाय के नहीं होते। साहित्यिकों का लक्षण ही यह है कि वे सम्प्रदायातीत होते हैं। जो सम्प्रदाय में बद्ध हैं, वे चिरन्तन साहित्यिक नहीं होते हैं। वे तो तात्कालिक साहित्यिक होते हैं। चिरन्तन साहित्यिक तो वे होते हैं जो सब पन्थ, सम्प्रदाय वग़ैरह से भिन्न होते हैं, परे होते हैं। जीवन के लिए कोई क्रान्तिकारी या बुनियादी घटना हो, तो वह उनको सहज ही आकर्षक मालूम होती है। उनका ध्यान सहज हो उस काम की ओर जाता है और वे उत्सुकता से और श्रद्धा से उसकी ओर देखने लगते हैं।

साहित्यिकों के लिए वह विशेष बात बन जाती है, क्योंकि वे चिनगारी को पहचानते हैं। दूसरों के लिए तो बड़ी बत्ती की ज़रूरत होती है, लेकिन साहित्यिकों के लिए एक चिनगारी ही काफ़ी है। वे प्रकाश का अंकुर देखते हैं, तो परीक्षा कर लेते हैं। दूसरे तो बीज से परीक्षा करना नहीं जानते। वे तो जब फल चखते हैं, तभी मानते हैं। जरा-सा इशारा या निशानी मिल जाये, तो उन्हें मालूम हो जाता है। जिसमें चेतन का अंश है, वह बात साहित्यिकों का ध्यान तुरन्त खींच लेती है। वे बीज में भी अनन्त सम्भावना देख सकते हैं। उनके लिए एक चिनगारी बस है।

ब्रह्म जितनी व्यापक

सरस्वती या वाणी ब्रह्म-शक्ति है। वाणी ब्रह्म की बराबरी करती है। इसलिए 'ब्रह्म' शब्द का अर्थ भी वाणी होता है। ऋग्वेद में वचन आया है कि ब्रह्म जितना व्यापक है, उतनी व्यापक वाणी भी है—यावद् ब्रह्म विष्ठितं तावती वाक् (ऋसा १०.१५.१३)। यहाँ 'वाणी' शब्द का अर्थ केवल वह स्थूल वाणी नहीं, जिसे हम बोलते हैं, बल्कि एक ब्रह्म-शक्ति है, जिसके आधार पर मनुष्य चिन्तन करता है, चिन्तन का प्रकाशन करता है और चिन्तन को समझता भी है। चिन्तन करना, उसे प्रकाशित करना और उसे समझना, ये तीनों वाणी द्वारा होते हैं। मन चिन्तन करता है, वाणी बोलती है और कान सुनते हैं। मन, वाणी और कान के ये भेद तो स्थूल ही हैं, किन्तु यहाँ तो 'वाग्' शब्द का ही प्रयोग किया गया है। उसमें मन, वाणी और कान तीनों आ जाते हैं।

यह वाक्-शक्ति साहित्य है। साहित्य से ब्रह्म-चिन्तन और फिर ब्रह्मप्रकाशन कर सकते हैं। उसके बिना ब्रह्म अप्रकाशित ही रह जायेगा। इसीलिए साहित्यिक का ध्यान स्वाभाविक ही सृष्टि की सभी बातों की ओर जाता है। वह भला-बुरा, गुप्त-प्रकट, वर्तमान और भविष्य, सभी चीज़ों का ध्यान रखता है।

जीवन की प्रभा

'साहित्य' शब्द निरपेक्ष नहीं है। वह किसी के सहित जानेवाली चीज़ है। साहित्य तो जीवननिष्ठा के प्रकाशनार्थ होता है। जीवननिष्ठा और साहित्य, दोनों एकरूप होने चाहिए। वाणी और अर्थ की उपमा कालिदास ने पार्वती और परमेश्वर से दी है। अर्थ यानी जीवन और वाणी यानी साहित्य ये दोनों एक-दूसरे के बिना रह नहीं सकते। वाणी के कारण जीवन की प्रभा फैलती है। साहित्य जीवन की प्रभा के रूप में प्रकट होता है।

राष्ट्र के साथ-साथ साहित्य भी उन्नति या अवनति करता है। उसी प्रकार साहित्य जीवन को भी उन्नत या अवनत कर सकता है। गाँधीजी वैसे कोई साहित्यिक नहीं माने जाते थे, फिर भी उनके प्रभाव के कारण हिन्दुस्तान की हर भाषा का साहित्य उन्नत हुआ है। दूसरा उदाहरण रवीन्द्रनाथ ठाकुर का है। उनकी सद्भावना और विश्व-वृत्ति के कारण समाज ऊँचा उठा है।

कवि जब महात्मा होते हैं, तब उनका असर जीवन पर पड़ता है।

सहित चलनेवाला

'साहित्य' शब्द क्या सुझाता है? शब्द ही अपनी व्याख्या प्रकट करता है। वह कहता है कि मैं सहित चलनेवाला हूँ। किसके साथ जायेगा? मनुष्य की बुनियाद में सत्य है। जो 'है' वही सत्य है। सत्य का अर्थ ही है कि वह है। सत्य के साथ जो चलेगा, वह है साहित्य। रामजी के साथ लक्ष्मण जाते हैं, वैसे सत्य के साथ साहित्य जायेगा। इतना ही है कि उसके पीछे-पीछे जायेगा। सत्य जितना व्यापक होगा, उतना ही साहित्य व्यापक होगा।

मनुष्य को भगवान ने भाषा नहीं दी, वाणी दी है। भाषा एक बात है और वाणी दूसरी। साहित्य का सम्बन्ध वाणी से आता है। मनुष्य की वाणी जितनी विकसित होगी, उतना उसका जीवन विकसित होगा। कुल जीवन का आधार वाणी है। वाणी सत्यमय और संयमशील हो, तो वाणी में शक्ति आती है।

साहित्य यानी जीवन के सहित सतत ठहरनेवाली वस्तु। ज़िन्दगी का जो सम्बल है, वही साहित्य है। वह आपको निरन्तर अपने साथ रखने योग्य मालूम होगा। सदा के लिए आपको मिलता ही रहेगा। वही साहित्य है।

पापों को धोनेवाला

स वाग्विसर्गो जनताघविप्लवः—भागवत की भाषा है। जो वाग्विसर्ग जनताघविप्लव होगा, यानी जो वाक्‌समूह जनता के पापों को धोनेवाला होगा, वही साहित्य कहलाने लायक होगा। भागवत ने साहित्य की ऐसी व्याख्या की है। कितना ऊँचा आदर्श उन्होंने हमारे सामने रखा! जनता के पापों को जो शब्द धोयेगा, वही सारस्वत होगा। बाक़ी का सारा वाङ्मय है। उसमें सब आयेगा। वाणीमात्र वाङ्मय है। कुत्ता भूँकता है, वह भी वाङ्मय ही है। लेकिन उसका अर्थ निकालनेवाला उपनिषद का मन्त्रद्रष्टा ऋषि होता है, तो कुत्ते के भूँकने में से भी वह साहित्य निकालता है, सारस्वत निकालता है। एक दफ़ा एक कुत्ता भूँक रहा था या दस कुत्ते भूँक रहे थे। वह आवाज़ एक ऋषि ने सुनी। ऋषि था ध्यानी। वह बोला—सिर्फ़ मैं ही ॐकार का जप नहीं कर रहा हूँ। ये कुत्ते भी ओंकार का जप कर रहे हैं—ॐ ॐ ॐ। ॐ अदाम...ॐ पिबाम। ॐ हमको खाना चाहिए,

...ॐ हमको पीना चाहिए। ऐसा ऋषि ने उसमें से सारस्वत निकाला। इस तरह वाङ्मय में सारी वाणी आयेगी। वाणी जिसका उच्चारण करती है, वह वाङ्मय है। उसमें कुत्ते का भूँकना भी आयेगा। लेकिन जनता के पापों को जो शब्द धोयेगा वही सारस्वत होगा। पापों को धोनेवाला जो शब्द सरस्वती की कृपा से निकलेगा, वह वाग्विसर्ग सारस्वत है।

अहेतुक

ईश्वर के प्रेम के बारे में भक्तजन कहते हैं कि वह प्रेम अहेतुक होता है, उसमें हेतु नहीं होता। प्रेम करना ईश्वर का स्वभाव है। वैसे ही साहित्य में भी कोई हेतु नहीं होता। साहित्य एक स्वयंभू वस्तु है। लेकिन हेतु रखने से जो नहीं सध सकता, वह साहित्य में बिना हेतु रखकर सधता है, यह साहित्य की ख़ूबी है। गीता भी मुझे इसीलिए प्यारी है कि वह हेतु न रखना सिखाती है। वह एक ऐसा ग्रन्थ है, जो यहाँ तक कहने का साहस करता है कि निष्फल कार्य करो। निष्फल कार्य की प्रेरणा देनेवाला ऐसा दूसरा ग्रन्थ दुनिया में मैंने नहीं देखा। साथ-ही-साथ गीता जानती है कि जिसने फल की आशा छोड़ी, उसे अनन्त फल हासिल होता है। इसी तरह साहित्य भी अहेतुक होता है, उसमें कोई हेतु नहीं होता।

अंशमात्र व्यक्त

भगवान ने गीता में कह दिया कि जो बहुत व्यापक तत्त्व होते हैं, वे अनिर्देश्य होते हैं—अनिर्देश्यम्। जो अंगुलि-निर्देश से दिखा सकते हैं, वे छोटे तत्त्व होते हैं। जिनका निर्देश नहीं कर सकते, वे बड़े तत्त्व होते हैं। तो उसी तरह से साहित्य का जो उद्‌गम है, वह अव्यक्त में है और अन्त भी अव्यक्त में है। बीच में जरा लहर आ गयी कवि या साहित्यिक को, तो लिख डाला। कोई भी साहित्यिक तृप्त नहीं होगा, अगर लोग उसके लिखने में ही समाधान करने लगे। वह सन्तुष्ट तब होगा, जब लोग अलिखित पढ़ेंगे।

कवि का चिन्तन तो हमेशा अस्पष्ट होता है। उसके काव्य की गहराई को वह ख़ुद नहीं जानता। उस पर परस्परविरोधी भाष्य किया जा सकता है। अगर किसी कवि ने अपनी कविता पर कोई भाष्य लिखा, तो मैं उससे

बिलकुल विरुद्ध भाष्य लिख सकता हूँ और सम्भव है कि लोग मेरा भाष्य कबूल करें और शायद वह ख़ुद भी कबूल करे! कवि को जो सूझता है, वह उसके स्पष्ट चिन्तन के बाहर की चीज़ है। कोई चीज़ उसे प्राप्त होती है। वह कुछ बनाता नहीं, कुछ रचना नहीं करता। सहज ही उसको चीज़ मिल जाती है, उसकी झाँकी मिल जाती है। इसीलिए कवि को क्रान्तदर्शी कहा है—कविः क्रान्तदर्शी। कवि दूर की देखता है, ऐसा कुछ लोग उसका अर्थ लगाते हैं। हाँ, वह भी हो सकता है। परन्तु उसका एक अर्थ यह भी है कि कवि बहुत ही अस्पष्ट देखता है।

अव्यक्त भी, अप्रकाशित भी

ईश्वर मदद देता है तो उसका भान ही नहीं होता। वह बिना हाथ के देगा, बिना आँख के देखेगा, बिना कान के सुनेगा, बिना लेखनी के लिखेगा। सर्वोत्तम कवि वह हो सकता है, जिसने कुछ भी न लिखा हो! महाकवि वह हो सकता है, जिसके हृदय में इतना काव्य भर गया है कि वह प्रकट ही नहीं कर सकता।

इसका अर्थ यह नहीं कि जिसने कुछ भी नहीं लिखा, वह कवि होता है। एक महाकवि ऐसा हो सकता है, जिसकी काव्य-शक्ति बहुत गहरी होने के कारण प्रकाश में नहीं आ सकती, वाणी में और प्रकाशन में नहीं आ सकती। जब हम इस दृष्टि से देखते हैं, तो लगता है कि साहित्य का एक लक्षण यह है कि साहित्य प्रकाशित नहीं हो सकता। आजकल तो हर कोई साहित्य को प्रकाशित करने की बात सोचता है, परन्तु यह प्रकाशन की बात नहीं है। साहित्य हमेशा अप्रकाशित होता है।

मेरी तो मान्यता है कि जिन्होंने उत्तम काव्य लिखे, वे उतने उत्तम कवि नहीं थे, जितने कि वे हैं, जिन्होंने कुछ नहीं लिखा। जो महापुरुष दुनिया को मालूम हैं, वे उतने बड़े नहीं हैं, जितने बड़े वे हैं, जो दुनिया को मालूम नहीं। अव्यक्तलिंगा अव्यक्ताचाराः। ज्ञानी का आचार अव्यक्त होता है, वह प्रकट नहीं होता। मालूम ही नहीं होता कि वह ज्ञानी है।

अवचन से उत्तम प्रवचन हो सकता है। ज्ञानेश्वरी में बड़ा प्रवचन, धर्मकीर्तन किया है। अन्दर से प्रेरणा थी कि मराठी में धर्म प्रकट हो। वैसा किया। लेकिन आगे ग्रन्थसमाप्ति के समय वह उत्साह नहीं रहा ऐसा दीखता है।

''मैंने क्या लिखा? अप्रकट चीज़ प्रकट की क्या?'' आदि चर्चा की है। और ''मैं बोला न होता तो भी वह प्रकाशित ही था। बोलने से प्रकाश बढ़ा नहीं या कम भी नहीं हुआ। इसलिए मौन ही रहता तो भी कोई नुकसान होनेवाला नहीं था।'' ऐसा कहकर बोले—म्हणौनी माझी वैखरी। मौनाचे हि मौन करी। उसे मौन का मौन नाम दिया है। न बोलता तो भी चलता, लेकिन गुरु की आज्ञा थी इसलिए न बोलने का अहंकार भी किसलिए? इसलिए मौन का मौन किया। मौन का आग्रह नहीं रखा।

वीणा की तरह

साहित्य एक वीणा की तरह है। कुछ लोग समझते हैं कि वीणा बजानेवाला ज़ोर से बजाये, तभी श्रोताओं पर असर होता है। परन्तु जो उत्तम कलाविद् होते हैं, वे बिलकुल बारीक़ आवाज़ से बजाते हैं, जैसे हृदय-वीणा पर बजा रहे हों। एक दफ़ा मैं ऐसा ही वीणा-वादन सुन रहा था। धीमी शान्त आवाज़, जैसे ॐकार की ध्वनि सुनायी दे रही थी। जिनमें रस-ग्रहण की शक्ति नहीं थी, वे कहते थे कि यह कुछ बजा भी रहा है या नहीं। हमें तो कुछ सुनायी नहीं दे रहा। परन्तु मुझे जरा संगीत का कान है, इसलिए मुझे आनन्द आ रहा था। कुछ लोग तो समझते हैं कि बजानेवाला पसीना-पसीना हो जाये, तभी उसने अच्छा बजाया। लेकिन वह तो इस तरह बजा रहा था कि जरा थोड़ी-सी तार छेड़ी, फिर शान्त रहा। फिर एक तार छेड़ी। साहित्य भी वीणा की तरह ही है।

न कोई बोझ, न थकान

साहित्य में ऐसी शक्ति है कि उससे श्रम का शम बन जाता है। बिना श्रम के कोई भी महत्त्व की चीज़ नहीं बनती। लेकिन साहित्य में 'श्रम' को 'शम' का रूप आता है। दूसरी चीज़ों में मनुष्य को आराम की भी आवश्यकता होती है। वहाँ श्रम और आराम परस्परविरोधी होते हैं। मनुष्य श्रम से थकता है, तो उसके बाद आराम लेता है और आराम से थकता है—आराम की भी थकान होती है—तो उसके बाद फिर श्रम करने लगता है। लेकिन साहित्य की यह ख़ूबी है कि उसमें श्रम के साथ-साथ शम चलता है। चौबीसों घण्टे काम और चौबीसों घण्टे आराम, यह है साहित्य की ख़ूबी। साहित्य का कोई बोझ नहीं होता चित्त पर।

साहित्य-सेवन की भी थकान नहीं आनी चाहिए। हम सुन्दर-मधुर संगीत सुनते हैं, तो 'अब बस' नहीं कहते। जहाँ 'अब बस' आ गया, वहाँ समझना चाहिए कि वह चीज़ मनुष्य को थका देनेवाली है। साहित्य के लिए भी जहाँ 'अब बस' आ गया, वहाँ समझना चाहिए कि साहित्य की शक्ति कम है, वह पूरी प्रकट नहीं हुई है।

बहुत-से लोगों को ख़ुशबू बहुत अच्छी मालूम होती है और बदबू तकलीफ़ देती है। परन्तु मुझे ख़ुशबू की भी तकलीफ़ होती है। कोई बू ही अगर न रहे, तो चित्त प्रसन्न रहता है। जिस बग़ीचे में ख़ूब सारे सुगन्धित पुष्प होते हैं, वहाँ पर कुछ क्लोरोफार्म जैसा असर होता है, चिन्तन अस्पष्ट हो जाता है, मन्द पड़ जाता है। दिमाग़ को थकान आती है। ख़ुशबू के परमाणु नाक के अन्दर चले जाते हैं। उस जगह जो पर्दा होता है, वह दिमाग़ के साथ जुड़ा होता है। वहाँ पर वे बैठ जाते हैं, तो उनके स्पर्श से चिन्तन में एक प्रकार की मन्दता आ जाती है। अगर निर्गन्ध जगह हो, तो उसकी कोई थकान नहीं आती। साहित्य-सेवन की भी थकान नहीं आती।

साहित्य-सेवन से थकान नहीं आनी चाहिए। ऊबने की प्रकृति उसमें नहीं होनी चाहिए। वहाँ साहित्य कम है, जहाँ मन ऊबता है। कामधेनु से मनुष्य कभी ऊबता नहीं। तो साहित्य कामधेनु है। उत्तम साहित्यिक शब्द स्वल्पाक्षर होते हैं। थोड़े शब्दों में अधिक सूचकता और अनाक्रमकता होती है। उसमें हर बार हर तरह का बोध मिले। इच्छा न हो, तो न मिले।

आकाशवत्

साहित्य की सर्वोत्तम संज्ञा और संकेत आकाश है। आकाश को देखकर आँखें थकतीं नहीं। आकाश के समान अविरोधी, व्यापक और गति देनेवाला होता है साहित्य। फिर भी ठोस भरा हुआ। आकाश शून्य है, पर व्याप्त है। आकाश, अभाव और भाव दोनों में है। साहित्य का स्वरूप भी आकाश जैसा ही व्यापक है। इसलिए आकाश ही साहित्य की सर्वोत्तम संज्ञा है।

साहित्य-कृति का सार

साहित्यिकों का एक कार्य है। परन्तु जैसे बढ़ई, बुनकर आदि का एक पेशा होता है और एक जाति होती है, उस तरह साहित्यिकों की न कोई जाति

है और न कोई पेशा। बल्कि, यह सारी ईश्वर की सृष्टि जितनी विविध है, उतनी ही साहित्य की रचना विविध होती है। इसीलिए साहित्यिकों की अपनी स्वतन्त्र महिमा होती है। हम उसका समावेश नाम–महिमा के अन्दर कर लेते हैं।

एक कहानी है कि शत–कोटि रामायण तीन हिस्सों में बँट गयी। आख़िर एक श्लोक रह गया, जो बत्तीस अक्षरों का था। उनमें से दस–दस अक्षर बाँटे गये, और दो अक्षर बचे। उनका तीन में समान विभाजन नहीं हो सकता था, इसीलिए समान विभाजन करनेवाले भगवान शंकर ने कहा कि हम विभाजन करनेवाले हैं, इसलिए उसकी मज़दूरी के तौर पर दो अक्षर लेंगे। उन्होंने दो अक्षर लिये—'रा' और 'म'। उन दो अक्षरों में रामायण आ जाती है। यही साहित्यिकों की कृति का सार है।

सीताजी ने हनुमान को मोती की माला इनाम दी। हनुमान ने एकएक मोती चबाना शुरू किया और चबाकर देखा कि उसमें कुछ रस नहीं है, तो फेंक दिया। जब सीताजी ने पूछा कि तुमने यह क्या किया, तो उसने कहा कि मैंने एक–एक मोती चबाकर देखा कि उसमें राम है या नहीं, और जब नहीं दीखा, तो फेंक दिया। वह हर चीज़ में राम ही देखता था।

उसी तरह साहित्यिकों की हर कृति में राम है या नहीं, यह देखना होता है। अगर राम नहीं है, तो वह कृति दुनिया में टिकेगी नहीं, दुनिया पर कायम का असर नहीं डालेगी। वह लुप्त हो जायेगी। इसलिए किसी साहित्यिक ने अपनी कृति दुनिया के सामने रखी, तो उसका नाप–तौल उसके आकार से नहीं किया जायेगा। किसने कितना लिखा, इस पर से उसकी क़ीमत नहीं नापी जायेगी, बल्कि उसने जीवन को कितना रस दिया, उस पर से उसकी परीक्षा, पहचान होगी।

उत्तम साहित्य के लक्षण

विश्वानुभूति-सकलानुभूति

साहित्यिक में विश्वव्यापक वृत्ति होनी चाहिए। भागवत में आया है, महानुभूतिः सकलानुभूतिः (भासा २८.१२)। साहित्यिक में विश्व की और सब कलाओं की अनुभूति होगी। वाल्मीकि स्नान के लिए जा रहे थे और रास्ते में उन्होंने देखा कि क्रौंच-मिथुन में से एक को शिकारी ने बाण मारा। तो शोकः श्लोकत्वमागतः—वाल्मीकि के अन्तर में जो शोक हुआ, वह बाहर श्लोकरूप में परिणत हो गया। उन्होंने वह दृश्य देखा तो लगा कि यह क्रूर कार्य हुआ है। एक प्रेमी निरागस (निष्पाप) है, विह्वल हो उठा है, और दूसरे को बाण मारा गया है। यह निर्घृणता देख उनकी अन्तरात्मा में पुण्य-प्रकोप जागा और उनकी वाणी से एक श्लोक निकल पड़ा। वे क्रौंच के साथ एकरूप हो गये। विश्वानुभूति, सकलानुभूति हो गयी।

महाकवि व्यास भगवान की भी एक कथा है। उनके पुत्र शुकदेव आश्रम को छोड़कर चले जा रहे थे। और विरह-विह्वल व्यास ऋषि उनके पीछे दौड़ रहे थे—'हे पुत्र! तुम कहाँ जा रहे हो?'—चिल्लाने लगे। इसका उत्तर शुकदेव ने नहीं दिया। वे ऐसे ही चले गये। भागवतकार लिखते हैं कि पुत्रेति तन्मयतया तरवोऽभिनेदुः—शुकदेव के साथ तन्मय होकर वृक्षों ने व्यास को जवाब दिया। यानी शुकदेव के बदले वृक्षों ने जवाब दिया!

सारांश, जिसे विश्वानुभूति हुई है और जो सर्वभूत हृदय होगा, जिसके मन में संकुचितता नहीं होगी, वही साहित्यिक होगा। ऐसे साहित्यिक विरल होंगे।

सृष्टि के साथ एकरूपता

मनुष्य दीखने में छोटा-सा दीखता है। दुनिया के प्राणियों के साथ उसकी तुलना करें, तो बहुत ही निर्बल, कमज़ोर दीखेगा। लेकिन उसके छोटे-से दिमाग़ में और दिल में जो कीमिया है, वह अद्‌भुत ही है। हमदर्द दिल भी ऐसा दिया है कि प्राणीमात्र के साथ एकरूप होता है। फिर त्याग में ही उसको आनन्द आता है। रघुवंश में है—सिंह राजा दिलीप को कहता है, तू क्यों मर रहा है एक गाय के वास्ते ? तू विचार-मूढ़ दीख रहा है। लेकिन उसने कहा कि नहीं भाई, मैं इसको नहीं छोड़ूँगा।

राजा दिलीप मनुष्य है। वह गाय के रक्षण में बहुत-कुछ देख रहा है। वह क्रान्तदर्शी मनुष्य है। वह जानता है कि इस छोटी-सी गाय के रक्षण में ऋषिप्रसाद भरा है। यह बहुत बड़ी चीज़ है। उसके लिए मैं मर-मिट सकता हूँ। वह गाय में क्रान्तदर्शन कर रहा है।

सृष्टि में सबके साथ एकरूप होने की भगवान ने मनुष्य के छोटे-से दिल में महान शक्ति रखी है और वही मनुष्य की विशेषता है। और भगवान ने दिमाग़ भी ऐसा दिया है कि वह दुनियाभर सैर कर सकता है, द्रष्टा बन सकता है।

मेरे हाथ में यह सारी सृष्टि है, जैसे कुम्हार के हाथ में मिट्टी होती है। मैं सृष्टि को जो शक्ल देना चाहूँ, वह दे सकता हूँ। हिमालय उत्तर दिशा में इसलिए खड़ा है कि मैंने उसे उत्तर दिशा में रखा है। अगर मैं जरा तिब्बत जाऊँ, तो वह दक्षिण में चला जायेगा! मैं चाहूँ, तो उसे दक्षिण में फेंक सकता हूँ। इसलिए कि यह सारी सृष्टि जिस भगवान ने पैदा की है, उस भगवान की मैं प्रतिमा हूँ। मानव के लिए यह वरदान है। सब धर्मग्रन्थों ने कहा है कि मानव परमेश्वर की प्रतिमा है। भगवान के हाथ से मानव बना। यह जो चीज़ बनी, उससे उसको प्रसन्नता हुई कि ऐसी चीज़ मैंने बनायी है, जो सारी दुनिया के साथ सहानुभूति रख सकती है और द्रष्टा भी बन सकती है। यह जो द्रष्टा बनने की शक्ति है, वह अन्य प्राणियों में नहीं है। यह शक्ति भगवान ने केवल मनुष्य को दी है, और उसे जाग्रत् करने का जिम्मा साहित्यिकों का है।

सत्य-मौन-शमशीलता

शंकराचार्य पूछते हैं, केषां अमोघ वचनम् ?—किनकी वाणी की शक्ति अमोघ होती है ? ये च पुनः सत्य-मौन-शम-शीलाः—जिनमें सत्य होता है, जो मौन रहते हैं, जो शान्ति रखते हैं, उनकी वाणी अमोघ होती है।

वाणी में सत्य रहेगा, तो उस वाणी का फल प्रत्यक्ष प्रकट होता है। जहाँ नहीं बोलना है, वहाँ मौन की शक्ति होनी चाहिए। ऐसी शक्ति नहीं होगी, तो वहाँ शब्द व्यर्थ जायेगा। जहाँ क्षोभ का मौक़ा है, वहाँ चित्त में शम नहीं रहा, तो वाणी गड़बड़ करती है, सम्यक् नहीं रहती। वाणी तो रामबाण जैसी होनी चाहिए। रामो द्विः शरं नाभिसंधत्ते—राम दो बार बाण नहीं छोड़ते। एकबार बाण छोड़ा कि वह सफल ही होना चाहिए। राम दो बार नहीं बोलते हैं—रामो द्विर् नाभिभाषते। यह शक्ति साहित्यिक की है।

शब्दतत्त्वसारज्ञ प्रज्ञा

ज्ञानदेव ने कहा है—शब्दतत्त्वसारज्ञ। मैं तेचि देखणी प्रज्ञा। जे क्षेत्रक्षेत्रज्ञा। अपाडु देखे—क्षेत्र और क्षेत्रज्ञ देह और आत्मा, बाह्य आकार और अन्तर्गत प्रकार, इनमें जो अपार अन्तर है उसे जो प्रज्ञा पहचानती है वह प्रज्ञा शब्दतत्त्वसारज्ञ होती है। शब्द का तत्त्व उससे अलग होता है। जैसे देह से आत्मा अलग है। इसलिए ज्ञानदेव बार-बार कहते हैं शब्द बाजू में हटायेंगे तो आनन्द मिलेगा। शब्द प्रकट होने के लिए उसे बाजू में हटाकर अन्दर के तत्त्व का ग्रहण होना ज़रूरी है।

पूरी सच्चाई

मैं साहित्यिक की व्याख्या करता हूँ कि साहित्यिक पूर्ण सत्यनिष्ठ और अहिंसक होगा। सत्यनिष्ठ यानी अपनी अनुभूति को छोड़कर वह अपनी बात नहीं करता। अपने हृदय के साथ सच्चा होता है। जो चीज़ उसको ठीक लगती है, वह लिखता है। किसी चीज़ में ग़लती मालूम होने पर उसे छोड़ देता है। इसलिए उसमें पूरी सच्चाई होती है।

अभी दुनिया में क्या हो रहा है ? सच्चे लोग बहुत थोड़े हैं। अच्छे ज़्यादा हैं, बुरे थोड़े हैं, सच्चे बहुत थोड़े हैं। जो अच्छे हैं, वे ढोंगी अच्छे हैं, और

जो बुरे हैं वे सच्चे बुरे नहीं हैं। खुले बुरे कौन हैं? जो बुराई करते हैं, लेकिन खुलेआम करते हैं। वे खुले बुरे हैं। आज अक्सर बुराई करते हैं, उसको ढकते हैं। सच्चे भले कौन हैं? जो समझकर अनुभूति से भलाई करते हैं। लेकिन आज जो अच्छे हैं, वे भय से अच्छे हैं। अगर कोई सच्चाई के साथ बुराई करता है, तो वह सच्चा बुरा है। लेकिन आज सच्चे बुरे नहीं हैं। भले लोग भी सच्चे भले नहीं। वे भी भलाई करेंगे, तो सोच-सोचकर करेंगे। भलाई उनके अन्तर से नहीं आती। सारांश आज जो अच्छे हैं, उनमें बहुत थोड़े सच्चे अच्छे हैं। जो बुरे हैं, उनमें बहुत थोड़े सच्चे बुरे हैं। अच्छे लोग ज़्यादा हैं और बुरे कम हैं। अच्छे में सच्चे कम हैं और बुरे में सच्चे बहुत कम हैं। कुल मिलाकर सच्चे लोग बहुत कम हैं।

रस किसे कहते हैं? शब्दों की और अर्थ की ठीक-ठीक रचना या सजावट को तो रस कह ही नहीं सकते। वह चीज़ तो बनावटी रंगीन केले के समान होगी। सोन-केले का स्वाद उसमें नहीं आयेगा। रस यानी लगन की सच्चाई। इसलिए मैं कहा करता हूँ कि सच्ची लगन चाहिए, फिर वह बाह्य-विषय-वासना की ही क्यों न हो, मुझे मान्य होगी। लेकिन ईश्वर के नाम की भी खोटी लगन नहीं चलेगी। पारस लोहे का सोना कर सकता है, पीतल का नहीं। आपकी हीन लगन का रूपान्तर मैं उच्च लगन में कर सकता हूँ, लेकिन आपके खोटे का खरा करने की सामर्थ्य मुझमें नहीं है। तुकाराम जब कहते हैं कि—न ये नेत्रां जळ। नाहीं अन्तरी तळमळ। तो हे चावटीचे बोल—अर्थात् अगर 'नैनन में नीर नहीं, अन्तर में लगन नहीं, तो ये सारे बोल व्यर्थ हैं।' तब वे भी यही कहना चाहते हैं। सत्य ही जीवनसार है और वही साहित्य-रस है।

लोग पूछते हैं, "क्या यह ज़रूरी है कि कवि का जीवन पुण्यमय ही हो?" कोई आग्रहपूर्वक जवाब देते हैं—'अवश्य।' दूसरे कहते हैं—"वैसी ख़ास ज़रूरत नहीं है।" मेरी निगाह में कवि का जीवन पुण्यमय ज़रूर होना चाहिए, लेकिन मैं दूसरे पक्ष का भी समर्थन करने के लिए तैयार हूँ। मेरा कहना है, कवि पापी ही क्यों न हो, पर वह सच्चा पापी होना चाहिए। अच्छा मनःपूर्वक पाप करनेवाला चाहिए। बीच-बीच में पुण्य का आवरण लेनेवाला, पाप का स्वाँग करनेवाला नहीं चलेगा। निष्ठावान पापी चाहिए। उस हालत में वह चाहे नरक में जाये, लेकिन उसके काव्य से मैं मोक्ष पा सकता हूँ।

काव्य सत्य का प्रयोग है। जिसके जीवन में जितना सत्य उतरा होगा, उतना ही काव्य उसमें प्रकट होगा। फिर वह उस काव्य को शब्दों में प्रकट करे या न करे।

साहित्यिक सच्चा होता है। मैं मानता हूँ कि सच्चाई के बिना साहित्य नहीं हो सकता। जो अपने हृदय की अनुभूति के साथ निष्ठावान नहीं होता, उसके मुँह से निकलनेवाला शब्द जानवान, प्राणवान नहीं होता।

निरहंकार, निर्दम्भ, निर्विकार

साहित्यिक कभी भी अहंकारी नहीं हो सकता। और साहित्य में दम्भ नहीं होता। जहाँ अहंकार आया वहाँ साहित्य रुक जाता है। मैं लेखक, मैं साहित्यिक ऐसा 'मैं' जहाँ आया वहाँ साहित्य बचता ही नहीं। 'मैं' की समाप्ति पर ही साहित्य का उदय होता है। समाधि के बिना साहित्य नहीं। अनुभव से भिन्न हुए बिना साहित्य लिख ही नहीं सकते। जीवन के विविध अनुभव, विकार, विचार, भाव इन सबका यथावत् आकलन होना हो तो उससे अलग हुए बिना वह होगा नहीं। थर्मामीटर को ही बुख़ार हो तो दूसरे का बुख़ार कैसे नापेगा? इसलिए साहित्यिक निर्विकार ही होना चाहिए। उसे केवल साक्षीरूप रहना चाहिए।

तीन बातें बतायीं। अहंकार न हो, दम्भ न हो, निर्विकारत्व और साक्षित्व हो। देह रहते देह को विकार ही न हो यह सधना चाहिए पर सधता नहीं। देह को विकार हुआ और जितना समय हम उस विकार में रहेंगे उतनी देर हमने काव्य-गुण खोया। यह समझकर बाद में तो भी उससे अलग हो जाना चाहिए। साहित्यिक को सोचना चाहिए कि काम-क्रोध-लोभ-मोह के रहते मैं लिख नहीं सकता। अब सवाल है कि इनके रहने का समय छोड़ दें तो काव्य-लेखन के लिए कौन-सा समय बाक़ी बचता है? जो भाग्यवान होंगे उन्हीं को ऐसा बचा समय मिलता है। वे उसे बढ़ायें। वह समय जैसा-जैसा बढ़ेगा, साहित्य भी बढ़ता जायेगा।

खेल का पात्र नहीं, द्रष्टा

साहित्यिक में अनासक्ति नहीं होगी, तो वह दुनिया को नाप नहीं सकेगा। साहित्यिक को संसार के खेल में द्रष्टा होना चाहिए। यदि वह खेल का

पात्र हो, तो यथार्थ चित्र नहीं खींच सकेगा।

ऐसे महाकवि थे व्यास। उन्होंने अपने कुल दोष महाभारत में प्रकट किये हैं। स्वयं की उत्पत्ति और पाण्डवों की उत्पत्ति का यथावत् चित्र खड़ा किया। अपने बारे में ऐसा चित्र खड़ा करनेवाला साहित्यिक कौन हो सकता है? व्यास ख़ुद अलग हो गये, यानी लेखक के तौर पर व्यास से अलग होकर लिखा। इस तरह सृष्टि और संसार से अलग होने की शक्ति जिसमें होगी, वह उत्तम साहित्यिक होगा।

जीवन-सहित, वही साहित्य

साहित्य जीवन के साथ ही चलेगा। एक बाजू जीवन और एक बाजू साहित्य, ऐसा हो नहीं सकता। जो जीवन-सहित है, वही साहित्य है।

इसलिए साहित्यिक जीवन से अलग नहीं होने चाहिए। जीवन के दर्शन, निरीक्षण के लिए उन्हें तटस्थ होना चाहिए, परन्तु जीवन में प्रवेश भी करना चाहिए।

निर्विकार, फिर भी अभिमुख

साहित्यिक की यह जिम्मेवारी है कि वह निर्विकार होने के साथ विश्व की ओर अभिमुख भी हो। वह संसार से विमुख नहीं हो सकता। संसाराभिमुख होते हुए भी साहित्यिक को निर्लिप्त रहना है। जो ऐसा रहेगा, वही सच्चे अर्थ में साहित्यिक है।

साहित्यिक की उत्तम मिसाल हिन्दी में तुलसीदासजी हैं, तो मराठी में ज्ञानदेव। ज्ञानदेव की 'ज्ञानेश्वरी' पढ़ने पर आश्चर्य होता है कि वे संसार का इतना हूबहू चित्रण कैसे कर सके! फिर भी ऐसा एक भी आदमी नहीं निकलेगा, जो उनका वह वर्णन पढ़कर विकारग्रस्त हुआ हो, उसके मन में किसी प्रकार का विकार पैदा हुआ हो।

तुलसी की रामायण लीजिए। सीता और राम के प्रथम मिलन का उन्होंने वर्णन किया है। 'फुलंवारी' प्रकरण कहलाता है वह भाग। यद्यपि वह भावी पति-पत्नी का प्रथम मिलन है, प्रथम दर्शन है, फिर भी उसे पढ़कर जरा भी विकार पैदा नहीं होता, बल्कि निर्विकारता आती है। वह चित्रण

निर्विकार और पावन है। यह तुलसीदासजी की ख़ूबी है।

जेल में हमारे साथ भारतन् कुमारप्पा थे। उनकी मातृभाषा थी, तमिल। उन्होंने कहा कि आपसे हिन्दी सीखना चाहता हूँ। मैंने उन्हें पहले ही दिन तुलसी-रामायण पढ़ानी शुरू कर दी। उनसे कहा कि आपको तुलसी-रामायण के आधार पर हिन्दी सिखाऊँगा। शुरू में मैंने उनको समझा दिया कि तुलसीदासजी कौन हैं और उनकी रामायण क्या है, आदि। चर्चा के दरमियान मैं अँग्रेज़ी में एक वाक्य बोल गया, जिसे सुनकर वे स्तम्भित-से रह गये! मैंने कहा—'तुलसीदास इज शेक्सपियर एण्ड बाइबिल टुगेदर।' (तुलसीदास यानी शेक्सपियर और बाइबिल दोनों एकसाथ।) उन्हें यह बड़ा अजीब लगा। यही बात ज्ञानदेव की 'ज्ञानेश्वरी' को भी लागू होती है। दोनों पूर्ण निर्विकार थे, साथ ही संसाराभिमुख भी। विश्व से मुँह मोड़े हुए नहीं थे। इसीलिए उनके साहित्य में संसार का उत्तम दर्शन होता है। आगे चलकर भारतन्जी को मेरी बात बिलकुल सही लगी।

वाल्मीकि की प्रतिभा, व्यास की प्रज्ञा, और शुकदेव के प्रेम के बारे में मैं सदा कहा करता हूँ। तीन गुणों में तीनों अग्रणी हैं लेकिन तटस्थ हैं। वैसा मैं साहित्यिकों को कहता हूँ कि आप तटस्थ रहें। मैं मर्यादा में रहें नहीं कहता। वेद में कहा है—यावद् ब्रह्म विष्ठितं, तावती वाक्—ब्रह्म जितना वेष्ठित यानी व्यापक है, उतनी वाणी भी व्यापक है। इसलिए अमुक ही वर्णन करें ऐसी मर्यादा मैं नहीं डालूँगा। साक्षी और निर्विकार क्षण में लिखा है इतना ही आप मुझे बतायें। साक्षित्व और निर्विकारत्व का विश्वास आप मुझे दिलायें तो मैं आपको विश्वास दिलाता हूँ कि आप जो वर्णन करेंगे वह विश्वपावन होगा।

जल-कमलवत्

साहित्यिकों का काम सामान्य सांसारिक जन और संसारमुक्त स्थितप्रज्ञ, दोनों से भिन्न है। संसारग्रस्त लोग अनेक वासनाओं और भावनाओं के प्रवाह में बहते रहते हैं। वे वासनाएँ और भावनाएँ उन पर आरूढ़ होती हैं। वे उन भावनाओं और वासनाओं से अभिभूत हो जाते हैं। वे वासनाएँ उनके वश में नहीं होतीं, वे ही वासनाओं के वश में होते हैं।

इससे विपरीत स्थितप्रज्ञ, मुक्त पुरुष इन सब भावों से सर्वथा अलिप्त,

तटस्थ, द्रष्टा और साक्षीरूपेण अलग रहता है। उसका अपना एक निर्णय होता है। जैसे कोई न्यायाधीश अपने सामने आनेवाले मसलों पर निर्लिप्त बुद्धि से निर्णय देता है, वैसे ही निर्णयशक्ति-सम्पन्न स्थितप्रज्ञ वासना-प्रवाह से बिलकुल ऊपर, ऊँचा रहता है।

किन्तु साहित्यिक जनता की सब भावनाओं का अनुभव करते हुए, उनके साथ ओतप्रोत होते हुए भी इतना अलग रहता है कि अपने को प्रकाशन-समर्थ, भाव-प्रकाशन-समर्थ रखता है। वह लोगों के अभिमुख होकर भी निर्लिप्त होता है। वह जल-कमलवत् है। कमल जल से रस ग्रहण करता है, लेकिन कमल-पत्र को जल नहीं छूता। उस पर जल टिकता ही नहीं है। मेढक पानी में गोता लगाते हैं, डूबते हैं। वे पानी के जीव हैं। लेकिन कमल पानी से ऊपर उठा हुआ है। पानी से रस लेकर निर्लिप्त रहता है। स्थितप्रज्ञ मुक्त पुरुष है, सूर्य के समान है, जो सबको पोषण देता है, मेढक को और कमल को भी पोषण देता है। लेकिन सबसे अत्यन्त ऊँचे आकाश में रहता है।

कमल का जो कार्य है, वह साहित्यिकों का है। रसों का उसको अनुभव है, फिर भी उसमें से वह पावित्र्य खींच लेता है और अन्य चीज़ों का स्पर्श नहीं होने देता। अपनी निर्मलता कायम रखता है। रस लेते हुए भी निर्मलता कायम रखना साहित्यिकों की कुशलता है।

थर्मामीटर भी, वैद्य भी

साहित्यिकों की भूमिका तटस्थ होनी चाहिए। लेकिन सिर्फ़ तटस्थ ही नहीं, बल्कि पक्षपाती तटस्थ भूमिका होनी चाहिए, उदासीन तटस्थ नहीं। वे दुनिया का दर्शन तटस्थरूप से करें। लोगों से, उनके विकारों से अलग रहकर उनकी तरफ़ देखें, फिर भी उनके लिए हमदर्दी, पक्षपात हो।

वेद में एक मन्त्र है—आ यन्मा वेना अरुहन् ऋतस्य। एकमासीनं हर्यतस्य पृष्ठे। मनश्चिन्मे हृद आ प्रत्यवोचत्। अचिक्रदन् शिशुमन्तः सखायः (ऋसा ८.१२.३)। परम रमणीय सत्य के पर्वत पर बैठकर मैं वहाँ आनन्द लूट रहा था, अकेला एकान्त में बैठा था। उतने में मेरे हृदय से एक मानसिक उद्‌गार निकला—ये सारे मेरे शिशुमान सखा, मित्र मेरे पास आयें। मैं तो संसार से मुक्त ऊपर सत्य-गिरि पर बैठा हुआ हूँ, लेकिन ये मेरे मित्र

गृहस्थ-धर्मी, संसार में पड़े लोग दुख से रो रहे हैं। मेरी मदद के लिए चिल्लाते हैं। जब मैं यह देखता हूँ, तो मुझे पर्वत-पृष्ठ से नीचे उतरकर, सत्य की भूमिका छोड़े बिना उनकी सेवा करनी पड़ती है।

यह इस वचन का आध्यात्मिक भाव है, जो वहाँ नहीं लिखा है, सिर्फ़ सूचित किया है। मैं कहना यह चाहता हूँ कि जो तटस्थ, निर्विकार होने पर भी संसार में विचरनेवाले सामान्य जनों के लिए अत्यन्त प्रेम रखकर चित्त में उनके लिए पक्षपात रखकर बरतेगा, वही सर्वोत्तम साहित्यिक होगा।

साहित्यिक के लिए विकारों से परिपूर्ण निर्लिप्तता अनिवार्य है। लेकिन विकारों को पहचानने के लिए उन विकारों के साथ समरस होने की शक्ति भी उतनी ही अनिवार्य है। साहित्यिक के लिए ये दो अनिवार्यताएँ हैं। बहुत दफ़ा आश्चर्य होता है कि परम तटस्थ ऋषि व्यावहारिक ज्ञान की सूक्ष्मता और मनुष्य-स्वभाव की परख किस तरह दिखाते थे। ख़ास कर व्यास का जो दर्शन हमें होता है, उसे देखकर आश्चर्य होता है कि मानव-भावनाओं का इतना सूक्ष्म ज्ञान उन्हें किस तरह हुआ होगा। लेकिन इसमें आश्चर्य की बात नहीं, क्योंकि वे निर्लिप्त एवं तटस्थ थे, पर साथ ही असहाय लोगों के साथ पक्षपात करने की शक्ति रखते थे। यह दुहरी शक्ति होने के कारण वे लोगों को न सिर्फ़ पहचानते थे, बल्कि उनके साथ हमदर्दी भी रखते थे।

थर्मामीटर सबका बुख़ार नापता है। अगर उसे ख़ुद को बुख़ार होता, तो वह दूसरे के बुख़ार को यथार्थ रीति से नाप नहीं सकता। उसे अपना बुख़ार नहीं होता, इसीलिए वह सबका बुख़ार ठीक से नाप सकता है। सबका विकारमापक इसीलिए बनता है कि वह ख़ुद निर्विकार है।

लेकिन थर्मामीटर साहित्यकार नहीं है, द्रष्टा है। साहित्यिक में यह द्रष्टा की शक्ति, निर्लिप्तता चाहिए, लेकिन साथ-साथ बीमार के साथ हमदर्दी दिखानेवाले वैद्य का भी लक्षण चाहिए। बुख़ार को ठीक पहचानकर उसके निवारण के लिए दवा भी बतानी चाहिए। वे निर्विकार होने के कारण बुख़ार को ठीक पहचान सकेंगे। यह साहित्यिक की शक्ति है। और ज्ञानी होने के कारण वे इलाज भी बता सकेंगे। वे थर्मामीटर भी हैं और वैद्य भी।

सहानुभूतिपूर्ण निर्लिप्त निरीक्षण

साहित्यिकों की हमेशा आगे के समाज की तरफ़ दृष्टि रहती है। दो प्रकार

के साहित्यिक होते हैं। एक वे, जो जिस समाज में रहता है, उस समाज की परिस्थिति का चित्र खड़ा करते हैं। दूसरे वे, जो आगे मानव बननेवाला है, भविष्य का मानव, उसका चित्र खींचते हैं। एक को 'रिॲलिस्टिक (वास्तववादी) और दूसरे को 'आइडियालिस्टिक' (आदर्शवादी) कहते हैं। जो साहित्यिक अपने ज़माने में बद्ध रहते हैं, वे कालात्मा की परीक्षा में समाप्त होते हैं, टिकते नहीं। जब तक वह समाज, जिसमें वे पैदा हुए हैं चलता है, तब तक वे चलते हैं। उसके आगे नहीं। वाल्मीकि आज भी पढ़ा जाता है और बाक़ी सामान्य साहित्य जिस ज़माने में पैदा हुआ उसी में ख़त्म हो जाता है। हिन्दुस्तान की किसी भी भाषा में आज कौन-सा ऐसा साहित्यिक है, जो घर-घर पढ़ा जाता है? इसका क्या कारण है?

इसका कारण यह है कि जो शाश्वत साहित्यिक होता है, उसकी विश्वव्यापी प्रतिभा होती है। जैसे सूर्यनारायण रोज़ उगता है, लेकिन प्रातःकाल में उसकी लालिमा और प्रभा रोज़ नयी-नयी दीखती है, उसकी अरुचि पैदा नहीं होती। उसी तरह से जो प्रतिभावान साहित्यिक होता है, उसके ग्रन्थ से नित्य नया अर्थ निकलता है। गीता छोटा-सा ग्रन्थ है, लेकिन नयी-नयी स्फूर्ति देता है, ताज़ा ग्रन्थ है। इस प्रकार का साहित्य कहीं भी, कभी भी हो, पर वह सब ज़माने में और सब देशों के लिए लागू होता है।

शब्द वही, लेकिन पुराने ज़माने में उसका एक अर्थ निकला, आज उसका दूसरा अर्थ होता है। शब्द में यह सामर्थ्य है। शब्द नव-नव-प्रसव होता है। ऐसी दृष्टि उन साहित्यिकों की होती है, जो समाज का निर्लिप्त दर्शन करते हैं, साक्षी होते हैं। साहित्यिक समाज से तटस्थ भी होने चाहिए और अभिमुख भी होने चाहिए। सृष्टि से तटस्थ भी और अभिमुख भी। उपद्रष्टा— नज़दीक रहकर देखनेवाला। यह गीता का शब्द है। अत्यन्त नज़दीक रहकर सहानुभूतिपूर्ण देखनेवाला। जो सहानुभूतिपूर्ण नहीं देखेगा, वह साहित्यिक नहीं हो सकता। इसी तरह जो विकारों में बह जाते हैं, वे चाहे सांसारिक पराक्रम करनेवाले हो सकते हैं, लेकिन साहित्यिक नहीं हो सकते। वे लिख नहीं सकते ऐसा नहीं, लेकिन अमर साहित्य—अमर शब्द यानी सब काल और सब देशों को स्फूर्ति देनेवाला—नहीं लिख सकते। वे 'ऑर्डर ऑफ़ दी डे' जैसा लिख सकेंगे। इसलिए ऐसे साहित्यिक होने चाहिए जो समाज से, विकारी समाज से अलग हैं, जिनके मन में सहानुभूति है और जो तटस्थ हैं। ज़माने के अन्दर रहकर, दूर दृष्टि रखकर, तटस्थ

बुद्धि से, सहानुभूतिपूर्वक निरीक्षण करने की शक्ति होगी, तो उत्तम साहित्यिक निर्माण होंगे।

पर्वत पर से यथार्थ दर्शन

भागवत संस्कृत में अत्यन्त मधुर और आकर्षक काव्य माना जाता है। उसकी भाषा जरा कठिन है, किन्तु माधुर्य में कोई भी उसकी बराबरी नहीं कर सकता। उसमें कहा गया है कि स वाग्विसर्गो जनताघविप्लवः—सारी जनता के पाप को धो सकनेवाला वाग्विसर्ग ही भगवान को प्रिय होता है। वही सर्वोत्तम काव्य है। वही 'साहित्य' कहलाने लायक है।

ऋग्वेद में कवि की व्याख्या बहुत थोड़े में और बहुत सुन्दर कही है। ब्रह्मा देवानां पदवीः कवीनां ऋषिर्विप्राणाम्—जिन्हें धर्म का साक्षात्कार हुआ है, ऐसे द्रष्टा विप्रों में श्रेष्ठ, देवों में श्रेष्ठ ब्रह्मा हैं। वे पदज्ञ हैं। वैसे प्द तक जो पहुँच गये, उन्हें 'पदवी' शब्द लागू होता है।

जो ऊपर पहुँच जाते हैं और ऊपर चढ़कर चारों ओर देखते हैं, उन्हें समग्र दर्शन होता है। ऊँचे चढ़े बिना साहित्य निर्माण नहीं हो सकता। नीचे खड़े होकर समग्र दर्शन नहीं हो सकता, संकुचित दर्शन ही होता है। ऊपर चढ़कर देखने से व्यापक दर्शन होता है। भगवान बुद्ध ने कहा है, पब्बतट्ठो व भुम्मट्ठे, धीरो बाले अवेक्खति—जैसे पर्वत पर चढ़ा हुआ पुरुष, नीचे भूमि पर विचरनेवालों को देखता है, वैसे ही ज्ञानी कवि ऊपर चढ़कर देखता है।

बहुतों को लगता है कि विकारों का मापन उन्हीं को होता है, जिन्हें विकारों का कुछ अनुभव हो। मैं इससे बिलकुल उलटी बात कहता हूँ कि थर्मामीटर को ख़ुद को बुख़ार नहीं होता है, इसलिए वह दूसरों का बुख़ार नापता है। उसी तरह विकारों के ऊपर उठकर उदासीन (उत् आसीन), साक्षीरूप बनने से ही उत्तम, यथार्थ और सम्यक् दर्शन होगा।

मैंने जो साहित्य पढ़ा है और उसका मुझ पर जो असर हुआ है, उसे ध्यान में रखते हुए कहता हूँ कि वे ही साहित्यिक उत्तम बनें और समाज को शाश्वत, चिरन्तन साहित्य दे सके हैं; जो मन के ऊपर पहुँच गये हैं। जो मन के अन्दर-अन्दर ही घूमा करते हैं, वे भले ही दूसरे कितने ही सहधर्मियों को आकृष्ट करें, किन्तु चिरन्तन साहित्य नहीं लिख सकते।

वाल्मीकि की रामायण सबको आकृष्ट करती है। वाल्मीकि सर्व जनों के साथ अनुकम्पा रखनेवाले हैं, किन्तु स्वयं सुख-दुख से परे हैं। सारांश, जिसमें विश्व के साथ एकरस होने की शक्ति नहीं है, वह कवि नहीं हो सकता। लेकिन साथ-साथ साहित्य-शक्ति, शब्द-शक्ति मनुष्य तभी प्रकट करता है, जब वह साधारण मन से ऊपर उठकर जनता के मानस की ओर देखता है।

इसलिए साहित्यिक अपना ख़ुद का जीवन जितना तटस्थ, अनासक्त कर सके, करे, लेकिन लोक-विमुख भी न बने। ख़ुद का जीवन तटस्थ न करने में ख़तरा है और लोक-विमुख हो, तो भी ख़तरा है। इसलिए अपने सुख-दुख, मन, विकार आदि से ऊपर उठकर, लोक-विमुख न होकर साक्षीरूप होकर, फिर जो साहित्य की स्फुरणा होती है, उसे मैं उत्तम साहित्य समझता हूँ।

भीतर का मंगल दर्शन

मेरी माँ पत्तागोभी की सब्ज़ी बनाते समय ऊपर के पत्ते को निकालकर बाद में उसे काटती थी। एक बार मैंने देखा कि उसने जो ऊपर का छिलका निकाला वह अच्छा था। आँखों से उसमें किसी तरह का दोष दिखायी नहीं देता था। मैंने उसे कहा कि यह अच्छा दीख रहा है, फिर भी इसे क्यों निकाला ? तब वह बोली कि इस पर हवा का परिणाम हुआ है, इसलिए उसे निकाल डालना सुरक्षित है। फिर वह बोली कि मन पर भी ऐसे ही परत होते हैं। ऊपर की परत को निकाल डालने पर अन्तर का स्वच्छ रूप दीखता है।

मुझ पर उसके इस वाक्य का बहुत परिणाम हुआ। मन के ऊपर के स्तर पर हवा के परिणाम होते रहते हैं। वे सब ओर से आयी हुई हवा के होते हैं। ऊपर के इस स्तर को निकालते ही अन्दर के मंगल दर्शन होते हैं। कभी-कभी इस प्रकार दो-तीन छिलके निकालने पड़ते हैं। इन छिलकों को निकालने की जितनी आवश्यकता हो, उतनी निकालकर अन्तर में हाथ डालने की शक्ति साहित्यिकों में होती है। यह शक्ति जिसमें होती है, वह साहित्यिक है, और उसके शब्द अमोघ होते हैं।

मन से ऊपर उठकर निष्कर्ष

कालिदास ने एक सुन्दर विलाप लिखा है, अज-विलाप। मान लीजिए, कोई लड़का मर गया और उसकी माँ विलाप करती है, तो क्या उसमें कालिदास के विलाप से कम शक्ति होती है? उसे देखकर क्या हमारी आँखों में आँसू नहीं आते? फिर कालिदास की विशेषता क्या रही? कालिदास की विशेषता तो वह थी, जो उस माँ को नहीं सूझती। वह बेचारी तो पुत्र-वियोग के दुख में तन्मय हो जाती है। पर कालिदास को सूझता है—मरणं प्रकृतिः शरीरिणां विकृतिर् जीवितमुच्यते बुधैः। अर्थात् मरण को जीवन की विकृति मानने से दुख होता है।

कालिदास ने अज-विलाप से 'मरणं प्रकृतिः शरीरिणाम्' यह जो निष्कर्ष निकाला, वह कोई दुखी या वियोगी जीव के विलाप जैसा नहीं है। यही कालिदास की महत्ता है। इसलिए मुझे ऐसा लगता है कि साहित्य-शक्ति, शब्द-शक्ति मनुष्य तभी प्रकट कर सकता है, जब वह सामान्य मन से ऊपर उठकर जनता के मानस की तरफ़ देखे। अपने सुख में सुखी होने की और अपने दुख में दुखी होने की तन्मयता कवि को हो, तो वह कवि नहीं बन सकता।

सम्यक् संयत वाणी

एक भाषण में मैंने अहिंसा के दावे पेश किये थे। उसमें एक दावा यह पेश किया था कि दोनों पक्षों को सम्यक् विचार समझाने में अहिंसा मददगार होती है। जिनके हृदय में और वाणी में सम्यक् भाव होते हैं, वे ही परस्पर-विरोधी भासमान होनेवाले पक्षों में मेलजोल कर सकते हैं, करा सकते हैं। उनकी वाणी संयत होनी चाहिए।

कालिदास ने 'रघुवंश' में एक सूत्र दिया है, सत्याय मितभाषिणाम्—सत्य के संरक्षण के लिए मितभाषी बनें। वैसे मुत्सद्दी लोग भी मितभाषी होते हैं। वे सत्य के संरक्षण के लिए नहीं, लेकिन असत्य को छिपाने के लिए मितभाषी होते हैं। तो वैसा नहीं। भाव स्पष्ट करते हुए भी भाव-प्रकाशन संयत हो, यह सत्यार्थ प्रकाशन के लिए ज़रूरी है। उससे समय भी बहुत बचता है और थोड़े शब्दों में विचार अधिक खुलता है।

अव्यक्त में जो शक्ति है, उससे भिन्न शक्ति व्यक्त में है। अव्यक्त में जो

अशक्ति है, उससे भिन्न अशक्ति व्यक्त में है। संयत वाणी व्यक्त और अव्यक्त की अशक्ति को टालती है एवं व्यक्त और अव्यक्त की शक्ति को जोड़ती है। इसलिए वह कुशल साबित होती है और अपना काम ठीक करती है।

हमारी कोशिश यह होनी चाहिए कि दो शब्दों के बदले एक शब्द से काम निभ जाये, तो उसी शब्द को अधिक अर्थगर्भित समझकर सन्तुष्ट रहा जाये। व्याकरण में कहा है कि एकः शब्दः सम्यक् ज्ञातः सम्यक् प्रयुक्तः स्वर्गलोके कामधुम् भवति—एक भी शब्द का अगर सम्यक् ज्ञान हो और उसका सम्यक् प्रयोग हम करते हों, तो वह स्वर्गलोक में कामधेनु बनता है। व्याकरणकार ने इसमें स्वर्गलोक का आधार इसलिए लिया कि उसका महत्त्व अधिक बता सके। मानसिक सृष्टि, भाव-सृष्टि बताने के लिए 'स्वर्गलोके' ऐसा कह दिया।

शब्द की साधना

उपनिषद में एक प्रसिद्ध कथा है, द-द-द की। एक 'द' अक्षर तीन प्रकार से समझ में आया। दम, दान और दया। एक छोटे-से शब्द में से इतना अर्थ निकला। लेकिन कोई बहुत बड़ी विस्तारपूर्ण वाणी इस्तेमाल करता है, तो उतना अर्थ नहीं निकलता। इसलिए यह पाया गया कि जिसने संयमपूर्वक कम-से-कम लिखा, वे ज़्यादा-से-ज़्यादा दीर्घायु हुए।

पतंजलि के योगसूत्र में कुल १९५ सूत्र हैं—बारीक़ अक्षरों में एक पन्ने में लिखे जा सकते हैं। ढाई हज़ार साल हुए। उसका ज़ोर कम नहीं हो रहा। वह दुनिया पर असर कर ही रहा है। एक छोटा-सा 'ईशावास्योपनिषद'। १८ मन्त्रों का उपनिषद है, लेकिन अमर हो गया। क्योंकि बहुत थोड़े में लिखकर सन्तोष माना।

यह जो संयम-शक्ति है, मौन-शक्ति है, वह जितनी प्रकट होगी, उतना साहित्य काम करेगा। इस वास्ते मेरा मानना है कि सर्वोत्तम साहित्यिक वर्षों तक मौन साधना करेंगे, तटस्थ रूप से दुनिया को देखेंगे तब दुनिया के विकारों का, विचारों का ठीक पता लगेगा, क्योंकि वे स्वयं उनसे अलग रहेंगे। साहित्यिकों को विकारों से अलग रहकर साक्षीरूपेण दुनिया को देखने की और कम-से-कम बोलने की अन्तःस्फूर्ति होनी चाहिए।

एक प्रसिद्ध कहानी है। ध्रुव तपस्या करता था। बालक था वह, और भगवान का ध्यान आदि करता था। भगवान प्रसन्न हुए। वे खड़े हुए उसके सामने, लेकिन उसने देखा नहीं। आँखें बन्द करके चिन्तन करता था। प्रभु ने अपने शंख का स्पर्श उसके गाल को किया। तो एकदम उसकी वाणी को स्फूर्ति हो गयी और बोला, योऽन्तः प्रविश्य मम वाचमिमां प्रसुप्तां संजीवयति..., नमो भगवते पुरुषाय तुभ्यम्—जिसने मेरे अन्दर प्रवेश करके मेरी सोयी हुई वाचा को जाग्रत् किया, उस परम पुरुष आपको मैं प्रणाम करता हूँ।

इस तरह मनुष्य जब मनःपूर्वक चिन्तन करता है, तो परम वाक्-शक्ति स्फूर्त होती है और उसको पता नहीं चलता, वह कहाँ से आयी। वह परमेश्वर के स्पर्श से आती है। इस तरह से ईश्वर का स्पर्श जहाँ हुआ, वहाँ साहित्य-शक्ति, काव्य-शक्ति प्रकट हुई, ऐसा अभी तक का अनुभव है।

वाक् एवं मेधा

आपके पास कौन-सी शक्ति है? वाक्, श्री, कीर्ति, क्षमा, मेधा, स्मृति, धृति—ये सात बड़ी शक्तियाँ हैं। वाणी बड़ी भारी शक्ति है। स्मृति, क्षमा धृति ये सारी महान् शक्तियाँ समाज के लिए बड़ी प्राणदायी हैं। साहित्यिक में कम-से-कम दो शक्ति होनी चाहिए। वाक् और मेधा ये शक्तियाँ अवश्य होनी चाहिए। और भी हो सकती हैं। परन्तु इन दो के बिना कोई साहित्यिक नहीं बन सकता।

शब्द को नीचे न गिरने दें

सरस्वती यानी ब्रह्म-शक्ति, वाणी। जितना ब्रह्म व्यापक है, विशाल है, उतनी ही वाणी भी व्यापक, विशाल है, इस तरह कहा गया है। अब उसके बदले वाणी संकुचित हुई है और ऐसे विषयों का वर्णन वाणी से होता है कि जिनसे समाज उन्नत होने के बदले ग़लत शब्दों के प्रयोग से अवनत होता है। शब्दों का अर्थ ऊपर चढ़ाने से समाज ऊपर चढ़ता हैं और शब्दों का अर्थ नीचे लाने से समाज नीचे आता है, पतित होता है। इसलिए यह सब सरस्वती की साधना करनेवालों के हाथ में है।

साहित्यिक साहित्य की उपासना अनन्यभाव से करें, सरस्वती की क़ीमत

पहचानें, शब्द को अवनत न होने दें। शब्द को उन्नत बनाना, यही उनका काम है। शब्द यानी परमेश्वर की शक्ति, जो मानव में प्रकट हुई हैं। इतनी स्पष्ट वाणी मानवेतर प्राणी को प्राप्त नहीं है, जो मानव को प्राप्त है। इसलिए वाणी मानव की विशेषता है। इसलिए मैं हमेशा शब्द-शक्ति की महिमा कहा करता हूँ और साहित्यिकों से इतनी ही अपेक्षा रखता हूँ कि वे शब्दों को नीचे न गिरने दें। इतनी सावधानी रखें। शब्द की सँभाल करें।

मननपूर्वक उपयोग

तुलसीदासजी कहते हैं कि वाणी मनुष्य को भगवान की सबसे बड़ी देन है। उसका उपयोग तुच्छ विषय-सुख के वर्णन में करना उसका दुरुपयोग करना है। वे विषय उस वाणी के योग्य नहीं। वैसा दुरुपयोग होता देखकर तुलसीदासजी कहते हैं कि सिर धुनि धुनि पछताही। वाणी का विलास बढ़ाने में उपयोग होने पर सरस्वती सिर धुनकर पछतायेंगी ही!

इसलिए साहित्यिकों को जरा मौन का अभ्यास करना चाहिए। संयमपूर्वक योग का अभ्यास करना चाहिए। साथ ही लिखना कम, मनन और अनुभव ज़्यादा करना चाहिए। तब सहजभाव से, जो मुँह से निकले, उसे निकलने देना चाहिए। वह पावन और उज्ज्वल वाणी ही निकलेगी।

छान-छानकर

जिस समाज की वाणी दूषित होती है, उस समाज की उन्नति नहीं होती। हमारे यहाँ कहावत है—'जहाँ लक्ष्मी होती है, वहाँ सरस्वती नहीं होती है और जहाँ लक्ष्मी नहीं होती है, वहाँ सरस्वती रहती है।'

लेकिन वेद में आया है, सक्तुमिव तितउना पुनन्तः। यत्र धीरा मनसा वाचमक्रत। अत्रा सखायः सख्यानि जानते। भद्रैषां लक्ष्मीर्निहिताधि वाचि (ऋसा १०.९.२)। —जिस देश के लोग छाननी से छान-छानकर वाणी बोलते हैं, यानी जहाँ मननपूर्वक और बुद्धिपूर्वक, शान्तिपूर्वक वाणी बोली जाती है, वहाँ उस समाज में लक्ष्मी रहती है—ऐसा वर्णन किया है। यह वर्णन अनुभवयुक्त है।

लक्ष्मी यानी पैसा नहीं। लक्ष्मी और पैसे को एक समझने से ग़लतफ़हमी होती है। लक्ष्मी और पैसे का भेद लोग पहचानते नहीं। लक्ष्मी यानी शोभा,

श्री, कान्ति, उत्पादन, सृष्टि का ऐश्वर्य, निर्माण। पैसा तो कृत्रिम है। मैंने तो उसे लफंगा' नाम दिया है। ऋग्वेद जो बात करता है, वह लक्ष्मी की करता है।

बहुत-से लोग कहते हैं कि सरस्वती और लक्ष्मी का विरोध है। वेद ने बिलकुल उलटी बात कही—तत्र लक्ष्मीर् निहिता। वहाँ लक्ष्मी रहती है, ऐसा नहीं कहा। वहाँ लक्ष्मी छिपी हुई 'निहित' रहती है, ऐसा कहा। वाणी सूक्ष्म शक्ति है, इसलिए उसके अन्दर शक्तियाँ छिपी हुई रहती हैं।

जो मनुष्य तौला हुआ शब्द बोलेगा, जिस शब्द में अतिशयोक्ति नहीं होगी, सत्य हो, मधुरता हो, फिर भी कार्य की शक्ति हो और बोलनेवाले का चित्त अक्षोभ हो, तो वह शब्द कारगर होगा।

नये-नये अर्थ की क्षमता

साहित्य की एक व्याख्या यह है कि उसका हमेशा अनुकूल ही परिणाम होता है। पर यह तो तब बन सकता है, जब प्रतिक्षण नया अर्थ देने की क्षमता उसमें हो। जिसको दूध प्रिय हो, उसे गाय प्रिय होती है, पर बिना दूध की गाय प्रिय नहीं होती। जिसे दूध प्रिय नहीं, उसे दूध देनेवाली गाय भी प्रिय नहीं होती। लेकिन ऐसी कोई कामधेनु हो, जो हर चीज़ देती हो, तो वह सबको सदा-सर्वदा प्रिय होती है। साहित्य ऐसी कामधेनु है। उसमें से अपनी इच्छा के अनुसार बहुत-कुछ मिल सकता है।

स्वल्पाक्षर और अनाक्रमणशील

उत्तम साहित्यिक शब्द, स्वल्पाक्षर होते हैं। बहुत पानी डालकर पतले किये हुए नहीं होते। स्वल्पाक्षर होते हैं, यानी थोड़े में अधिक सूचकता होती है और उनमें अनाक्रमणशीलता होती है, जिससे सहज ही बोध मिले। व्यक्ति बोध लेना चाहे, तो ले सकता है और न लेना चाहे, तो नहीं भी ले सकता है। हर वक़्त बोध लेना पड़े तो मुश्किल होगी, इसलिए जब बोध लेना चाहे, तब ले सकते हैं। समयानुकूल बोध मिले और बोध न भी मिले, तो भी जो प्रिय हो, वही अच्छा साहित्य है।

साहित्य की कला-कुशलता

नव रस यानी नवीन-नवीन रस

कवियों ने नव रसों की गिनती की है, परन्तु हमें लगता है, जो नवीन-नवीन रस होते हैं, वे ही नव रस हैं और उनकी कोई गिनती नहीं हो सकती। लेकिन उन्होंने एक वर्गीकरण किया। उन्होंने कारुण्य को एक रस माना। परन्तु दुनिया में कहीं भी पाप देखकर सन्त पुरुष के हृदय में जो भाव पैदा होते हैं, वह करुणा का एक प्रकार है। दुखियों को देखकर हृदय में जो करुणा पैदा होती है, वह करुणा का दूसरा प्रकार है। अज्ञानी का अज्ञान देखकर ज्ञानी के मन में जो करुणा पैदा होती है, वह करुणा का तीसरा प्रकार है। चाहे वह एक करुणा के रूप में पहचानी जाती हो, पर अलग-अलग वस्तु है। ज्ञानी के मन में अज्ञान-निवृत्ति की जो प्रेरणा पैदा होती है, वह दूसरे ही प्रकार की करुणा है।

वैसे ही शृंगार, हास्य आदि भी कई प्रकार के होते हैं। शृंगार का अर्थ है कि जहाँ प्रेम प्रकट होता है और हृदय की उदारता का परिचय होता है। जहाँ मनुष्य अपनी टूटी-फूटी बातों से दुनिया को सजाता है, दुनिया की शोभा बढ़ाता है, वहाँ भी शृंगार है। एक बग़ीचा बनानेवाला माली पौधों को पानी देता है, उनकी सेवा करता है, शोभा बढ़ाता है, तो वह भी शृंगार है। एक भक्त मूर्ति को सजाता है, तो वह भी शृंगार है। एक माता भूखे बच्चे को परोसती है, थाली सजाकर अतिथि के सामने रखती है, तो वह भी शृंगार है। चित्रकार सुन्दर चित्र खींचता है, तो वह भी शृंगार है। किसी व्यथित हृदय को समाधान देने के लिए कोई सुन्दर सितार बजाता है, तो वह भी शृंगार है। इस तरह शृंगार के अनेक प्रकार हैं।

यद्यपि नव रस माने गये हैं, फिर भी उनके अनेक प्रकार हैं। हमें वह प्रकार आदरणीय होगा, जिस प्रकार से दुनिया के साथ एकरूप हो सकते हैं। अगर हम कुल आनन्द का पृथक्करण करें, तो मालूम होगा कि जितने अंश में हम अपने को भूल जाते हैं, सारी दुनिया में लीन हो जाते हैं, उतने अंश में आनन्द हासिल होता है।

अपने को भूलने में रसमयता

बच्चे को खेल में आनन्द महसूस होता है, क्योंकि वह खेल में अपने को भूल जाता है। इसी तरह आप देखेंगे कि माँ बच्चे की सेवा में अपने को भूल जाती है, समाजसेवक समाजसेवा में अपने को भूल जाता है, इसलिए उन्हें आनन्द प्राप्त होता है। कवि को सृष्टि के दर्शन में आनन्द महसूस होता है, क्योंकि वह अपने को भूल जाता है। उस तरह जहाँ हम अपने को भूल जाते हैं और समष्टि में लीन हो जाते हैं, वहाँ आनन्द हासिल होता है। वह समष्टि जितनी संकुचित होगी, उतना आनन्द ही संकुचित होगा। माता को बच्चे की सेवा करने में आनन्द महसूस होता है, परन्तु जिसमें वह लीन होती है, वह चीज़ छोटी-सी है, इसलिए उसका आनन्द भी छोटा होता है। वह चीज़ जितनी व्यापक होती है, उतना आनन्द भी व्यापक बन जाता है।

साहित्यिक ने कोई रस निर्माण किया, तो उसके परिणामस्वरूप वह साहित्यिक और उसके श्रोता जितने अंश में इस चोले के बाहर चले गये, इसे भूल गये, उतने अंश में आनन्द हासिल होता है। हम जब जेल में थे, तो कुछ क़ैदियों को काम के लिए बाहर ले जाते थे। यद्यपि वे काम के लिए ही जाते थे और क़ैदी के नाते जाते थे, फिर भी दीवार के बाहर जाते थे, इसलिए उन्हें आनन्द महसूस होता था। वैसे ही यह देह यानी एक दीवार है। किसी भी सूरत से हम उस दीवार के बाहर जायें, तो हमें आनन्द प्राप्त होता है। देहभाव से हम जितने अलग हो सकते हैं, किसी भी उपाय से क्यों न हो, उतना आनन्द आता है। कोई शराबी शराब पीता, है, तो उसे आनन्द आता है। हम समझते हैं कि एक आत्मज्ञानी पुरुष ने देह को भूलने के लिए जैसे एक युक्ति निकाली है, वैसे ही उस शराबी की भी एक युक्ति है।

जिसके जीवन में रस है, वह साहित्यिक है। काव्यं रसात्मकम्। जिसमें रस

है, वह काव्य है। जीवन में रस न हो, तो वाणी में कैसे प्रकट होगा? जो ऐसी अधूरी साधना करते हैं, यानी रसहीन जीवन से रसमय काव्य प्रकट करने की अपेक्षा करते हैं, वे कैसे सफल होंगे? इसलिए जीवन रसमय, संगीतमय होना चाहिए।

रस ही काव्य की आत्मा

उत्कटता काव्य की शक्ति है। उत्कटता के अनेक प्रकार होते हैं, इसलिए काव्य के भी अनेक प्रकार हुए। परन्तु उत्कटता का स्वरूप सर्वत्र एक ही होता है। इसलिए उत्कटतापूर्ण काव्य का रसास्वादन, चाहे वह काव्य किसी प्रकार का क्यों न हो, रसिक अवश्य कर सकता है, फिर उसकी काव्य-रुचि किसी भी प्रकार की क्यों न हो। कवि की इच्छा जो रहे, रसिक अपनी रुचि का अर्थ उस काव्य में से निकाल लेता है। भक्तिरस के काव्य में से शृंगारिकों को शृंगार मिल सकता है और शृंगाररस के काव्य में से भक्त भगवान की भक्ति पा सकता है। वीर-काव्य में विरक्त को वैराग्य मिल जाता है और वैराग्यपरक काव्य में क्षात्रवृत्ति वीररस खोज लेती है। इसलिए काव्य का स्वरूप लेखक की मर्ज़ी पर नहीं, रसिक की मर्ज़ी पर ही निर्भर रहता है।

परन्तु लिखनेवाले के हाथ में एक बात रहती है। नीरस कविताएँ लिखकर वह पाठकों को 'वि-रस' ज़रूर कर सकता है। यह नहीं सध सकता कि कवि तो नीरस लिखता रहे और पाठक उसे सरस माने। उसके शृंगारिक वर्णन को वह भक्तिमय समझ सकता है, लेकिन उसके नीरस वर्णन को वह सरस नहीं मान सकता। इसलिए काव्य का मर्म जाननेवालों ने रस को काव्य की आत्मा माना है। उनका वह कथन सही है।

हमारी एक पुरानी मान्यता है कि कविता यदि ईश्वर के बारे में लिखी हो, तो वह अच्छी ही होगी। परन्तु यह मान्यता सही नहीं है। 'सन्त-युग' माने गये मध्य-युग में ईश्वर पर अनेक लोगों ने कविताएँ लिखी हैं, परन्तु हम देखते हैं कि तुकाराम या तुलसीदासजी जैसों की कविता जिस तरह हृदय को छूती है, दूसरे बहुतों की नहीं छूती। इसका कारण, सिवा इसके और क्या कहा जा सकता है कि एक में वह रस है और दूसरी में नहीं?

संकेत में से सर्जनशील आविष्कार

हम जहाँ-जहाँ जाते हैं, वहाँ-वहाँ अनेकविध प्रसंग बनते हैं, जिनसे बहुत कुछ सीखने को मिलता है। लेकिन अनेक शिक्षण-प्रसंग आँखों से ओझल हो जाते हैं। कवि की एक दृष्टि होती है। उसमें संकेतों की पहचान होती है। एक छोटा-सा संकेत मिल गया, तो उसकी बुद्धि में महान् आविष्कार होता है।

वर्ड्सवर्थ घूमने निकला। उस समय एक लड़की से मिलना हुआ। उसने लड़की से पूछा कि तुम कितने भाई-बहन हो ? उसने जवाब दिया कि हम सात हैं। उसमें से एक समुन्दर के नीचे डूबा है, दूसरे का दफ़न यहीं नज़दीक हुआ है, हम सब वहाँ जाकर बैठते हैं, उसे याद भी करते हैं।

इस पर कवि कहता है कि बहन! तुम तो सात नहीं रहे, पाँच ही रह गये, क्योंकि दो मर गये।

लेकिन लड़की कहती है, जी नहीं, हम सात ही हैं। वह इस बात को क़बूल नहीं करती कि हम पाँच हैं। वह कहना चाहती है कि जैसे हम पाँच इस व्यक्त सृष्टि में हैं, वैसे और दो अव्यक्त सृष्टि में हैं, लेकिन हम सातों हैं। उन दो पर नहीं का आरोप करना ग़लत है।

इस प्रसंग में से वर्ड्सवर्थ स्फूर्ति की चिनगारी पाता है और एक अमर कविता लिख डालता है—वी आर सेवन।

इस तरह साहित्य का निर्माण होता है।

अपवादरूपेण स्पष्ट हिदायत में भी काव्य

कुरान में मुहम्मद पैगम्बर कई बार बोले हैं, ''मैं कवि थोड़ा ही हूँ!'' मेरी समझ में नहीं आता था कि उन्होंने ऐसा क्यों कहा होगा। फिर एक जगह उनका एक वचन मिला कि ''मैं कवि थोड़ा ही हूँ, जो बोले एक और करे एक!'' कहा जाता है कि कुरान में बहुत काव्य है। अरबी साहित्य में उसे साहित्य की सर्वश्रेष्ठ कृति माना जाता है। यह कोई केवल काल्पनिक गौरव की बात नहीं है। कुरान धार्मिक पुस्तक है, इसलिए ऐसा कहा होगा, सो बात नहीं। आधुनिक अरबी साहित्य को सारी स्फूर्ति कुरान से मिलती है। इतना होने पर भी उन्होंने कहा, ''मैं कवि थोड़े ही हूँ, जो बोले एक

और करे एक!'' इसका एक मतलब यह कि मैं जो बोलूँगा, वह करूँगा; इसलिए मैं कवि नहीं हूँ। इसे उपालम्भ मानने के बजाय हमने अधिक सुन्दर अर्थ निकाला है। उसका अर्थ यह कि ''आप लोगों के सामने मैं एक स्पष्ट चिन्तन रखनेवाला हूँ, जिससे कि आपको हिदायत मिले।''

हृदय-प्रवेश की कला

साहित्य की ख़ूबी किसमें है? शक्ति तो सत्य में, संयम में और शान्ति में है। यह उसकी शक्ति है। लेकिन साहित्य की ख़ूबी किसमें है? लोकहृदय में प्रवेश की कला कौन-सी है? वह है, 'अहिंसा'। साहित्य की ख़ूबी व्यंजना में, लक्षणा में है, सुझाने में है। आज्ञा में नहीं है, साक्षात् उपदेश में नहीं है। जहाँ साक्षात् उपदेश होता है, वहाँ वह परिणाम नहीं करता। जहाँ अप्रत्यक्ष उपदेश होता है, सुझाते हैं, साक्षात् आज्ञा नहीं करते, 'सजेस्टिव' होता है, वहाँ वह सर्वोत्तम साहित्य माना जाता है।

इसकी मिसाल है, 'वाल्मीकि रामायण'। वह अप्रतिम कलाकृति है। वह आपको प्रत्यक्ष आज्ञा नहीं देता, अप्रत्यक्षरूपेण सुझाता है। ऐसी सृष्टि उसने निर्माण की है कि आपके चित्त में कारुण्य, सहानुभूति उत्पन्न होती है और सहजभाव से अनायास ऊँचे पहाड़ पर आप चढ़ जाते हैं। जैसे इंजीनियर करता है। चार हज़ार फीट ऊपर जाना है, तो वह आहिस्ता-आहिस्ता ऊपर जानेवाला रास्ता बनायेगा। वह इतना सहज होगा कि इतने ऊपर हम चढ़े हैं, इसका भान भी नहीं होगा और आख़िर चार-पाँच हज़ार फीट ऊपर हम चढ़ जायेंगे। वैसे ही साहित्यिक भी आप पर उपदेश का आक्रमण किये बिना कुशलता से आपके हृदय में सहानुभूति उत्पन्न करके आपको ऊपर ले जाते हैं।

जैसे पिस्तौल दिखाना, वैसे ही आज्ञा करना एक हिंसा है। साहित्यिक बहुत नम्रता से आपको सुझाता है। शास्त्रकार आज्ञा दे सकता है। शिक्षक सीधी आज्ञा देता है। माँ कुशलता से सलाह देती है और सुझाती है, तो वह माँ के शब्द हृदय में पैठता है।

सार यही है कि अनाक्रमणकारी शब्द-रचना में अहिंसा होती है। इसलिए काव्य ध्वनिरूपेण (सूचकरूप से) प्रकट होता है। यह ध्यान में आना चाहिए कि साहित्य में हृदय-प्रवेश करने की जो अप्रत्यक्ष शक्ति है, वह

है मधुरता में, मार्दव में, अहिंसा में, नम्रता में और प्रत्यक्ष शक्ति है, सत्य में। सत्य और अहिंसा के बिना वाणी समर्थ साबित नहीं होगी।

सूचक, परोक्ष और अनेकविध बोध

अपने मन में मैं साहित्य की व्याख्या करता हूँ—'साहित्य यानी अहिंसा।' साहित्यकारों ने भी उसकी व्याख्या की है कि सर्वोत्तम साहित्य सूचक होता है। सूचक साहित्य को सर्वोत्तम क्यों माना जाता है? इसलिए कि वह सुननेवालों पर आक्रमण नहीं करता। किसी पर अगर उपदेश का प्रहार होने लगे, तो यद्यपि वह उपदेश हितकर हो, फिर भी उसका स्पर्श शीतल नहीं होता।

बचपन में हम ईसप की नीति-कथाएँ पढ़ते थे, तो उनका तात्पर्य नीचे लिखा हुआ होता था। तात्पर्य यानी न पढ़ने का अंश, ऐसा हम समझते थे। कथा का तात्पर्य अगर चन्द शब्दों में लिखा जा सका, तो मैं समझूँगा कि कथा लिखनेवाले में कोई कला नहीं है।

उत्तम कृति का लक्षण यही है कि जैसे रामचन्द्र को देखने पर अनेक लोगों ने अनेक कल्पनाएँ अपनी-अपनी भावना के अनुसार कीं, वैसे ही जिस बोध से अनेकविध तात्पर्य निकलते हैं, वही साहित्यबोध है। क़ानून की किताब में इससे बिलकुल उलटी बात होती है। एक वाक्य में से एक ही अर्थ निकलना चाहिए, दूसरा नहीं निकलना चाहिए। अगर एक वाक्य से दो अर्थ निकले, तो वकीलों की कमबख़्ती आ जाती है। पर साहित्य की प्रकृति इससे बिलकुल उलटी होती है। गीता उत्तम साहित्य है, रामायण उत्तम साहित्य है, क्योंकि उनके तात्पर्य के विषय में मतभेद हैं। जिस साहित्य के तात्पर्य के विषय में मतभेद न हो और तात्पर्य निश्चित कहा जा सके, उसमें साहित्य-शक्ति कम प्रकट होती है। रामायण पढ़ते हैं, तो अनेक उपदेश नहीं आते। कथा-गंगा बढ़ती जाती है। लोग पढ़ते जाते हैं। समयानुसार उससे अनेक तात्पर्य लगते हैं। कई लोग कहते हैं ज्ञानेश्वरी में जो साहित्य है वह अमृतानुभव में दीखता नहीं। मैं कहता हूँ वह ठीक है। ज्ञानेश्वरी में दीखता है, अमृतानुभव में है पर दीखता नहीं। न दीखना यह बहुत ही बड़ा होना होता है। दीखने में जो होता है, प्रकट होता है; उससे न दीखने में जो होता है, वह बहुत बड़ा होता है। साहित्य दीखता नहीं। उसका जितना सूक्ष्म चिन्तन करेंगे उतना वह हमें व्यापक दर्शन देगा।

प्रसिद्ध ऋषि-वाक्य है, परोक्षप्रिया इव हि देवा:, प्रत्यक्ष द्विष:—देव परोक्षप्रिय होते हैं। उन्हें परोक्षवाणी पसन्द आती है, प्रत्यक्ष वाणी पसन्द नहीं आती। इसका मर्म यही है कि प्रत्यक्ष उपदेश में कुछ चुभने का माद्दा होता है। साहित्य में अनेक मनुष्यों को अनेकविध तात्पर्य हासिल होते हैं और एक ही मनुष्य को समयानुसार अनेकविध तात्पर्य हासिल होते हैं। साहित्य की विशेषता इस विविधता में है।

वैविध्यसम्पन्न कल्पना-सृष्टि

साहित्य में विविधता बहुत ज़रूरी है। साहित्यिक के कुछ अपने शब्द हों, तो उससे वह पकड़ा जायेगा। मैं सर्वोदयवालों को हमेशा कहता हूँ कि आपके सौ-डेढ़ सौ शब्द हैं, उतने छोड़कर लिखिए। फिर अगर आप लिख सकते हैं, तो आप लेखक हैं। साहित्यिक अगर किसी की पकड़ में आ जाये कि इसके फलाने-फलाने शब्द हैं, तो वह ख़त्म हुआ।

जब विविध कल्पना-सृष्टि होती है, तब साहित्य बनता है। इसलिए साहित्यिक द्रष्टा है। वह किसी रंग से रँगा हुआ नहीं रहता। वह किसी रंग से रँगा हुआ हो, तो सृष्टि को न्याय नहीं दे सकेगा। अगर वह ख़ुद रंगा है, तो दुनिया के रंगों को नहीं समझेगा। इसलिए सब रंगों से अभिमुख होकर भी अलिप्त होना चाहिए। जो अलिप्त है, वह साहित्यिक होगा। साहित्यिक की दृष्टि संन्यस्त दृष्टि है। वह सबका नाम ले सकता है, लेकिन सबसे अलग रहेगा।

यह केवल व्यास को सधा था। व्यास से बढ़कर अधिक कलावान साहित्यिक मैंने नहीं देखा। रामायण में भी कला है, लेकिन वह सब प्रकार से प्रकट है। महाभारत में ऐसा नहीं। कोई अन्दाज़ा नहीं लगा सकता कि कृष्ण कब क्या आदेश देगा ? कौन कह सकता है कि धर्मराज मौक़े पर झूठ बोलेगा ? जगह-जगह पात्रों से ऐसी कृतियाँ करायी हैं कि उनका अन्दाज़ा नहीं हो सकता। अत्यन्त प्रौढ़ पात्र कभी अत्यन्त हीन होते हैं, और अत्यन्त हीन पात्र अचानक प्रौढ़ होते हैं। गुणवान मौक़े पर अवगुणी होता है और अवगुणी गुणवान होता है। भरोसे लायक कौन है ? प्रतिज्ञा करके तोड़नेवाले भी हैं। यह असल साहित्य है।

नित्य-नूतन अर्थघनता

साहित्य के जो ग्रन्थ हैं, वे जितने पुराने होते हैं, उतने ज़्यादा असर करते हैं। कालात्मा परीक्षा कर चुका और उसमें जो खरे उतरे, वे ग्रन्थ दुनिया पर असर करते हैं। जितना काल गुज़रा, उतनी उन शब्दों में नयी-नयी शक्तियाँ प्रवेश करती गयीं। शब्द तो किसी की वाणी से निकला, लेकिन उसमें नये-नये अर्थ प्रवेश करते गये। साहित्यिक की यह पहचान है कि ज़माने के साथ-साथ उसके शब्दों के अर्थ भी विकसित होते हैं। उसके अर्थ छोटे नहीं पड़ते, बढ़ते ही जाते हैं और हर ज़माने को नित्य नयी स्फूर्ति देते रहते हैं।

एक ज़माने में कहा जाता था कि गीता में तो गूढ़ आध्यात्मिक विद्या और योगशास्त्र भरा है। एक ज़माने में टीकाकार कहने लगे कि उसमें तो भक्ति है। इन दिनों जो उठा, सो कहता है कि गीता में तो कर्मयोग ही है। तो आख़िर उसमें है क्या? बड़े-बड़े भाष्यकार गीता को मिले। शंकराचार्य उनके ज़माने के सर्वश्रेष्ठ नेता तो थे ही, लेकिन आज भी वे श्रेष्ठ ही हैं। रामानुज ने लिखा। मध्व, ज्ञानदेव, मधुसूदन ने लिखा। ये उस-उस ज़माने के सर्वश्रेष्ठ पुरुषों के नाम हैं। इस ज़माने में भी गाँधीजी की इच्छा हुई कि गीता पर लिखें। लोकमान्य तिलक ने लिखा, श्री अरविन्द ने लिखा। एनी बेसेंट, डॉ. राधाकृष्णन् ऐसे नाम हैं, जो इस ज़माने के मनीषी और इस ज़माने के नेता हैं।

यह क्या चीज़ है कि इतने वर्षों से उसमें से नित्य नया अर्थ मिलता ही जाता है? क्या जादू है उसमें? अर्थ तो निश्चित होने चाहिए शब्दों के, होते भी हैं। लेकिन उसके पीछे एक ऐसी शक्ति पड़ी है, जिसके कारण उन शब्दों में नये-नये अर्थ दाख़िल होते हैं और वे अर्थघन बनते चले जाते हैं। यह शक्ति जिस साहित्य में है, वह साहित्य शाश्वत असर डालता है।

रस व्यक्त, तत्त्व अव्यक्त

साहित्य में रस प्रधान है कि तत्त्व, इसकी चर्चा करते समय रस, तत्त्व और साहित्य की चर्चा करनी होगी। हालाँकि इन तीनों शब्दों की महीनों तक चर्चा चलने पर भी निर्णय नहीं होगा।

साहित्यिक दूसरे को तकलीफ़ नहीं देगा, वह सहजभाव से अपने विचार

देगा। वह अपने ये विचार तकलीफ़ देकर नहीं समझायेगा। जैसे धर्मग्रन्थ आज्ञा करते हैं—दाऊ शैल नॉट स्टील (चोरी मत करो)—यह हुई धर्मग्रन्थ की आज्ञा। सैन्य के भी आदेश होते हैं। कमाण्डर एकदम आज्ञा करते हैं। आज्ञा करना कवि का या साहित्यिक का लक्षण नहीं, वह कमाण्डर का लक्षण है। फिर चाहे वह फौज का हो या धर्मग्रन्थ का हो। कवि या साहित्यिक समाज को रिझाकर बोध देगा।

इसलिए साहित्य में रस रहेगा प्रत्यक्ष और तत्त्व रहेगा अव्यक्त। तत्त्व प्रत्यक्ष रहेगा, तो वह तत्त्वज्ञान का ग्रन्थ होगा। उसे पढ़ते-पढ़ते तकलीफ़ होगी। साहित्य में तत्त्व न रहने पर वह ग्रन्थ पोला होगा। इसलिए तत्त्व चाहिए, लेकिन अव्यक्त चाहिए। भगवान व्यक्त है कि अव्यक्त? व्यक्त और अव्यक्त दोनों है। विविधता में वह व्यक्त है और एकता के रूप में वह अव्यक्त है। वैसे साहित्य में रस व्यक्त रहेगा और तत्त्व, अव्यक्त रहेगा। अगर रस न रहा और तत्त्व रहा, तो वह साहित्य की किताब न होकर स्मृति-ग्रन्थ होगा। स्मृति-ग्रन्थ के अनुसार लोग आचरण करते हैं, लेकिन वह काव्य नहीं होगा।

तत्त्व को साहित्य में ऐसा स्थान न हो कि वह पहले पन्ने में ही प्रकट हो, जैसे ब्रह्मसूत्र-शांकरभाष्य में है। उसमें सात-आठ पन्ने में ही तत्त्व कह दिया। उसे उतना पढ़ना ही बस है! आगे पढ़ो न पढ़ो। पहले सात-आठ पन्ने में सब आ जाता है। जिस किसी को अद्वैत का खण्डन करना है, उसको उन्हीं पन्नों का खण्डन करना चाहिए। बाक़ी सारा तो विस्तार है।

आरम्भ के इन पन्नों में सारा तत्त्व कह दिया है कि सारी सृष्टि अध्यास है। यह नया शब्द निकाला। तिलकजी ने 'गीता-रहस्य' में कर्मयोग बताकर शांकरभाष्य पर बहुत टीका की। लेकिन उससे शांकर-विचार का खण्डन नहीं हुआ, क्योंकि उसका जो मूल अध्यास है, उसे उन्होंने स्वीकार कर लिया। फिर बाक़ी दूसरी बातों का खण्डन करने पर भी शांकरभाष्य का खण्डन नहीं होता।

सार यह है कि शांकरभाष्य में सात-आठ पन्ने में सारा रहस्य आ जाता है। यह है तत्त्वज्ञान की पद्धति। पहले समग्र चित्र और फिर उसका विवरण। साहित्य में ऐसा नहीं। साहित्य में आख़िर के पन्ने तक पता नहीं चलता कि क्या कहना चाहता है। ऐसा भास जब होगा, तब वह उत्तम साहित्य

होगा। उसमें तत्त्व छिपा हुआ है, साफ़ प्रकट नहीं। पढ़नेवाला बहता चला जा रहा है। और पढ़ता चला जा रहा है। इसलिए शांकरभाष्य को समझना आसान है, लेकिन तुलसीदासजी की रामायण समझना कठिन है।

यह अन्दाज़ा कबीर में लगता है। उन्होंने गूढ़ भाषा भले ही लिखी है, लेकिन उसका अर्थ स्पष्ट होता है। वे साहित्य में तुलसीदासजी की बराबरी नहीं कर सकते। कोई अगर पूछे कि तुलसीदासजी ने क्या लिखा है, तो तुलसीदासजी भी कहेंगे कि मुझे मालूम नहीं। वे ख़ुद भी जानते नहीं। अनेक सन्तों के ग्रन्थ ऐसे होते हैं। तुलसीदासजी-तुकाराम के ग्रन्थ ऐसे ही हैं कि कुछ निर्णय करना कठिन होता है। भावनाओं की इतनी छटाएँ होती हैं, इतनी विविधता होती हैं कि कवि का काव्य द्वैत कहता है कि अद्वैत कहता है कि विशिष्टाद्वैत, निश्चय नहीं कर सकते। किस पर भार देना चाहते हैं, उसका कुल मिलाकर अन्दाज़ा नहीं लगता। उसका अन्दाज़ा लगे तो वह तत्त्वज्ञान का ग्रन्थ होगा, काव्य नहीं। काव्य अनुभूति की चीज़ है और उसमें आनन्द की उपलब्धि होती है।

आनन्दानुभूति

मनुष्य को किस चीज़ से आनन्द प्राप्त होता है, इसकी व्याख्या नहीं हो सकती। हम समझते हैं कि मनुष्य जिस किसी चीज़ में एकाग्र हो सकता है, उसमें से आनन्दानुभूति होती है। किसी चीज़ पर पूरी एकाग्रता हो जाये, तो आनन्द होता है। जैसे गाढ़ निद्रा आयी तो आनन्द आयेगा। निद्रा का नाटक करने से आनन्द नहीं आता। आनन्द गाढ़ निद्रा में है, क्योंकि उसमें पूरी एकाग्रता होती है। बच्चे खेलने में एकाग्र होते हैं। खेल के साथ उनमें इतनी एकाग्रता होती है कि उनको भूख लगती है, माँ उनको बार-बार बुलाती है, फिर भी वे नहीं जाते। कहेंगे कि 'अभी आया, अभी आया!' लेकिन घण्टा-आधा घण्टा बीत जाने पर भी बच्चा नहीं आता। भूख लगी है लेकिन उसको उसका भान नहीं, क्योंकि वह एकाग्र है।

अब सवाल यह है कि जिसमें आनन्द आता है उसमें एकाग्रता होती है। कि जिसमें एकाग्रता होती है उसमें आनन्द आता है? एकाग्रता से आनन्दानुभूति होती है कि आनन्दानुभूति से एकाग्रता होती है? उसका निर्णय अनुभव से किया जायेगा। बच्चे की खाते समय एकाग्रता होती है।

उस समय उसकी बिलकुल समाधि लग जाती है। समाधि में और बच्चे के लड्डू खाने में फ़रक़ नहीं। उसमें उसकी आनन्दानुभूति है। वह आनन्द उस एकाग्रता में है कि भूख में है कि आम का रस खाने में है, कह नहीं सकते। रस का स्थान कौन-सा है, इसे ठीक कहना मुश्किल होगा। उसका निर्णय नहीं कर सकेंगे। मैंने ऐसे लोग भी देखे हैं कि जिनको आम बिलकुल नहीं भाता और ऐसे भी देखे हैं कि जो आम खाने में बिलकुल एकाग्र हो जाते हैं।

अब यह सवाल आयेगा कि मनुष्य दुख में भी एकाग्र होता है? तीव्र दुख के समय मनुष्य को दुख के सिवाय और कुछ नहीं सूझता। दुख उत्कट होना चाहिए। अब उसमें आनन्दानुभूति है या नहीं, यह सवाल है। तीव्र दुःख की उत्कटता में मस्ती है। ज़ोरदार बुख़ार में मस्ती है। दुख को कर्तव्य मानने पर उससे होनेवाली पीड़ा में मस्ती है। देशभक्त को फाँसी पर लटकने में आनन्द होता है। ऐसे भी मनुष्य हैं कि जिन्हें कल फाँसी पर लटकना है, फिर भी वे रातभर आनन्द का अनुभव करते हैं। ऐसे लोग दुनिया में हो गये हैं। उनके चित्त में निष्ठा थी। इसलिए उनको दुख में सुखानुभूति हुई। चाहे दुखजन्य हो चाहे सुखजन्य, किसी भी कारण हो, लेकिन अनुभूति आनन्द की है।

हम समझते हैं कि साहित्य का आत्मा ढूँढ़नेवाला ढूँढ़े। लेकिन दुनिया बाह्यरूप को देखती है। साहित्य का बाह्य आविष्कार लोगों के हृदय को छूता है।

फिर प्रश्न आता है कि साहित्य बुद्धि को छूता है या हृदय को? हम इसका निर्णय नहीं दे सकते। बुद्धि को छूएगा तो तत्त्व होगा, हृदय को छूएगा तो रस होगा। अगर बुद्धि और हृदय दोनों को छूता है तो दोनों होगा।

कुछ एकाग्रता ऐसी है कि उससे तकलीफ़ होती है। समाधि लगने पर उसमें पूरी एकाग्रता होती है। उसके उतर जाने के बाद मनुष्य को बड़ी तकलीफ़ होती है। इस तरह के आनन्द की कभी-कभी थकान होती है। आनन्द सौम्य न रहकर तीव्र रहा, उसका हमला हुआ, तो उससे थकान और दुख निर्माण होता है। इसलिए सतत रहनेवाला, सौम्य आनन्द होना चाहिए। आनन्द तीव्र रहा, तो तकलीफ़ होगी।

शब्द-शक्ति

अर्थानुसारी शब्द-प्रयोग

हम जिन शब्दों का उपयोग करते हैं, वे अधिकतर संस्कृत भाषा के हैं। संस्कृत के शब्द जैसे हमसे बोलते हैं, वैसे हिन्दी, मराठी, अँग्रेज़ी या अन्य किसी भाषा के शब्द नहीं बोलते। संस्कृत के शब्द स्वयं बोलते हैं।

देखिए, 'उद्यान' शब्द लें। साधारण बग़ीचा उद्यान नहीं है। 'उद्यान यानी 'उद् + यानम्—शहर से जरा दूर, ऊँचे स्थान पर बना हुआ बाग़।' ऊँचाई पर जरा अच्छी हवा लगेगी, चढ़कर जाना होगा, तो आनन्द आयेगा।

'चित्र' को देखें! 'पिक्चर, तस्वीर', ये शब्द तो कुछ बोलते ही नहीं, चुप हैं। पर चित्र? यानी 'चित्' को रमानेवाला, चैतन्य को रमानेवाला। चित्र शब्द सुनते ही एक विराट रूप सामने खड़ा हो जाता है।

कविता करने बैठे और चाहे जो शब्द-प्रयोग कर दें, यह नहीं चलेगा। शब्दों का प्रयोग अर्थानुसारी होना चाहिए।

शब्द स्वयं बोलते हैं

शब्द की हम बहुत क़ीमत करते हैं। शब्द में जो शक्ति है, वह किसी चीज़ में नहीं देखी। हमारे जीवन पर शब्द का जो असर है, उसके अनुभव से हम यह कह रहे हैं। एक सूत्र है, एकः शब्दः सम्यक् ज्ञातः सम्यक् प्रयुक्तः स्वर्गलोके कामधुक् भवति—एक शब्द का भी सम्यक् उच्चारण होता है, उपयोग होता है, तो स्वर्गलोक में वह कामधुक् होता है।

संस्कृत भाषा में शब्द-शक्ति बहुत पहले प्रकट हुई। अँग्रेज़ी भाषा में

लाखों शब्दों का संग्रह है। परन्तु केवल शब्द-संग्रह से शक्ति प्रकट नहीं होती। एक-एक यन्त्र में असंख्य पुर्ज़े होते हैं। एक-एक का अलग-अलग नाम होता है। इस तरह एक-एक यन्त्र में दस-दस, पचास-पचास शब्दों का उपयोग होता है। परन्तु ऐसे शब्द-भण्डार से शब्द-शक्ति बढ़ती है, ऐसा नहीं। वह तो ऐसा है, जितना जीवन में परिग्रह बढ़ेगा, कचरा बढ़ेगा, उतने शब्द बढ़ेंगे। वह तो शब्दों का ढेर ही होगा। उससे विचार-सम्पदा बढ़ती नहीं। वैसे देखा जाये तो अँग्रेज़ी में भी विचार-सम्पदा बहुत है। फिर भी संस्कृत में हम जो शब्द की महिमा देखते हैं, वह महिमा वहाँ नहीं है। पचास नयी-नयी चीज़ें बनेंगी, तो पचास नये शब्द उनके लिए होंगे। परन्तु ऐसे शब्द-संग्रह से व्यर्थ परिग्रह हो जाता है।

परन्तु संस्कृत में हम क्या देखते हैं? संस्कृत में विचार के प्रतिनिधि के तौर पर शब्द बनाये हैं। जैसे पृथ्वी, ज़मीन शब्द है। अँग्रेज़ी में कहते हैं 'अर्थ', लैटिन में कहेंगे 'टेरा'। लेकिन संस्कृत में पृथ्वी के लिए पचास शब्द मिलते हैं। 'पृथ्वी' यानी फैली हुई। 'धरा' यानी धारण करनेवाली। 'भूमि' यानी तरह-तरह के पदार्थों को जन्म देनेवाली। 'गुर्वी' यानी भारी, वजनदार, 'उर्वी' यानी विशाल, 'क्षमा' यानी सहन करनेवाली। हम लात मारते हैं, तो भी वह सहन करती है। इस तरह एक-एक शब्द एक-एक गुणवाचक है। हरएक शब्द के साथ उसका एक-एक गुण ध्यान में आता है।

परमेश्वर के कौन-कौन-से गुण पृथ्वी में प्रकट हुए हैं? उन गुणों को देखना और एक-एक गुण के लिए एक-एक नाम देना। इस तरह एक वस्तु के अनेक गुण देखना और अनेक नाम देना ऐसा हुआ। अनेक नाम किसी कवि को लिखने में सुभीता हो इसलिए नहीं दिये गये, बल्कि इसलिए दिये कि उस वस्तु के अन्दर अनेक गुणों का दर्शन होता था। सारी सृष्टि में चेतन देखते थे। जैसे चेतन में अनेक गुण होते हैं, वैसे ही कई गुण पदार्थ में होते हैं। इसलिए एक ही वस्तु के लिए पचासों शब्द बनाये गये। उन शब्दों को छोड़कर आप लिख नहीं सकते। उन्हीं शब्दों के आधार पर आप लिखेंगे। आप कितने ही गये-बीते क्यों न हों, आप जो लिखेंगे, उसमें आत्मविद्या का प्रकाशन आपके चाहते-न-चाहते, आपके पहचानते-न-पहचानते होगा। वह टल नहीं सकता। आप साहित्यिकों पर हमारी यह श्रद्धा है, क्योंकि आप 'अमृतस्य पुत्राः' हैं। आप सब लोग जो अमृत के पुत्र हैं, कितने भी मुर्दा बने हों, तो भी वह अमृत जायेगा कहाँ? इसलिए

हिन्दुस्तान के साहित्यिकों में कुछ बात है। यह हमारी श्रद्धा है और अनुभव भी है।

वाणी की शक्ति बहुत बड़ी होती है। स्वच्छ निर्मल वाणी की शक्ति बहुत बड़ी है। आख़िर आप इसी भूमि में पैदा हुए हैं, तो आप जायेंगे कहाँ? जो मूल है, हिन्दुस्तान का जो मूल-स्रोत है, उसे छोड़कर आप कहाँ जायेंगे? शब्द तो हिन्दुस्तान के ही बने हुए हैं। आप वे ही शब्द इस्तेमाल करेंगे। उन शब्दों को जरा बारीक़ी से देखना होता है।

कवि कविता में कोई भी शब्द रख देते हैं। देखते हैं कितनी मात्रा का शब्द चाहिए। इतनी मात्रा का चाहिए, तो वह रख देते हैं कविता में और एक छन्द बना लेते हैं। समझते हैं कि छन्द बनाने के लिए ही इतने शब्द हैं। वास्तव में, ये शब्द छन्द के लिए नहीं हैं, विशेष गुणदर्शन के लिए ये विविध शब्द हैं। जब हम व्यापक फैली हुई 'पृथ्वी' कहते हैं, तो हम उस पदार्थ की तरफ़ अन्दर से देखने लगते हैं।

संस्कृत शब्दों में विचार भरा है, इस वास्ते हरएक शब्द हमसे बात करता है। वैसा अँग्रेज़ी शब्द बात नहीं करता। 'वॉटर' शब्द हमसे बात नहीं करता। हम ही उससे बात करें तो बात अलग है। लेकिन संस्कृत शब्द हमसे बात करने लगता है। पयः = पोषण करनेवाला। पानीयम् = तृप्त करनेवाला। उदक = अन्दर से बाहर आया हुआ। 'समुद्रम्' यह छोटा-सा शब्द दीखता है, लेकिन वह बात करता है। 'सम' यानी चारों तरफ़ समान फैला हुआ। उद्' ऊँचा उठा हुआ, ऊँचा आया हुआ पानी। 'रम्' यानी आह्लाददायक, खेल रहा है, आनन्द देता है। तो 'समुद्रं' यानी सम + उद् + रम्। समुद्रात् ऊर्मिः मधुमाँ उदारत्—वेद ने कहा है। —इस हृदय में समुद्र के समान असंख्य भावनाएँ उठती हैं। यह हृदय यानी समुद्र हो है। समुद्र का दृश्य इस हृदय में प्रकट होता है। 'सी' (sea) कहेंगे, तो क्या होगा? है एक पदार्थ! वह शब्द बोलता नहीं, मूक है।

'दुग्धम्' = दोहन किया हुआ, साररूप। 'घृतम् = अत्यन्त पवित्र, निर्मल, कचरा निकाला हुआ। घृतं मे चक्षुः। विश्वामित्र बोल रहे हैं—मेरी आँख यानी घी है। किसी अँग्रेज़ी या दूसरी भाषा में यह नहीं देखा कि कोई कहे, मेरी आँख घी है। 'घृतं मे चक्षुः' कहा, तो इसका अर्थ यह है कि मेरे चक्षु इतने पवित्र हैं कि उसमें किसी प्रकार का पाप ग्रहण करने की शक्ति नहीं

है, वे अत्यन्त निर्मल और स्वच्छ हैं।

'अग्नि' यानी 'फायर'। फायर कहने से कुछ हुआ? कुछ नहीं। लेकिन 'अग्नि' कहने से अंजनात् अग्निः, रूप प्रकट हो गया, व्यक्त हो गया। 'वह्निः' वाहक है, ले जाता है, सन्देशवाहक है। यज्ञ में आहुति डालते हैं, तो वह अग्नि आपकी भक्ति, ऊपर भगवान के पास पहुँचाता है। तो अग्निमी पुरोहितम् के बदले 'वह्निमीळे पुरोहितम्' नहीं चलेगा। बिलकुल ही दूसरा अर्थ होगा। इस तरह एक-एक शब्द का विशेष महत्त्व है। संस्कृत में एक-एक शब्द का व्यक्तित्व है। 'पीयूषं', 'अमृतं', 'सुधा'—ये तीन शब्द अमृत के लिए हैं। परन्तु हरएक से विशेष अर्थ का बोध होता है। अमरा निर्जरा देवाः—'अमरकोश' का आरम्भ ही इस वाक्य से होता है। 'अमरा' अलग है और 'निर्जरा' भी अलग है। अमर तो वह है, जो मरता नहीं। लेकिन मान लो कि बूढ़े हैं, रोग से पीड़ित हैं, तो वे अमर होना पसन्द करेंगे? वे तो भगवान से प्रार्थना करेंगे कि मुझे जल्दी से ले जाये। इसलिए 'निर्जरा' कहा है। निर्जरा यानी जरा-रहित। जरा-रहित होंगे, तब तो वे अमर हो सकते हैं।

संस्कृत का शब्दकोश भी काव्य है। एक शब्द की कितनी तरह से व्युत्पत्ति होती है! एक शब्द के अनेक अर्थ और अनेक अर्थ का एक शब्द। इसलिए संस्कृत में निर्मलता से वाक्-प्रकाशन जितना होता है, उतना शायद ही किसी दूसरी भाषा में होता होगा! मैं कहना यह चाहता हूँ कि इस देश में शब्द-शक्ति बहुत है। अरबी, ग्रीक, लैटिन में भी कुछ शक्ति है। उनसे कुछ तुलना हो सकती है। परन्तु संस्कृत का शब्द जैसे व्याख्यान देना शुरू करता है, वैसे वहाँ के शब्द बोलते नहीं।

'घट' शब्द है। घट यानी घड़ा। परन्तु घट यानी शरीर, यह भी अर्थ होता है। घड़े में पानी रखते हैं, वैसे इस शरीर में क्या है ? पानी ही भरा है। हम स्वागत करते हैं पानी से भरे हुए घड़े से, पूर्ण कुम्भ से। तब हम क्या दिखाना चाहते हैं? यही कि हमारा सारा हृदय भक्तिभाव से भरा है। इस अर्थ में वह 'घट' शब्द काम देगा। कबीर ने कहा है—'घट घट में वह साईं रमता'—प्रभु घट-घट में भरा है। हमारे सामने बैठे हैं वे सब घट ही हैं, सब भरे हैं। कहने का मतलब यह कि 'घट' शब्द की यह ख़ूबी है। वह ख़ूबी 'पॉट' (Pot) कहने से प्रकट नहीं होती, क्योंकि घट की एक घटना है न? यह हमारा शरीर एक घटना रखता है। 'घट' शब्द घटना को सूचित

करता है। इस तरह अँग्रेज़ी, फ्रेंच आदि शब्द हमको उनके अन्दर पैठने नहीं देते। लेकिन यहाँ के शब्द हमको अपने में प्रवेश देते हैं। इसीलिए शब्द की शक्ति प्रकट होती है।

'चक्षु' शब्द है। 'चक्ष्' धातु निर्मलता, स्वच्छता का द्योतक है। आँख से हम जितना बोलते हैं, उतना मुँह से नहीं बोलते। हमको ग़ुस्सा आता है, तो आँख बोलती है। अन्दर करुणा है, तो आँख बोलती है। शब्द से अधिक प्रकाश आँख देती है। उसी तरह 'व्याचक्षते' यानी व्याख्यान देना। चक्षु पर से ही व्याख्यान शब्द निकला है। हम हिन्दुस्तान के लोग ज़्यादा व्याख्यान सुनना नहीं चाहते। हमारी महापुरुषों के दर्शन पर श्रद्धा है। उनकी आँख से जो दीखता है, वह किसी से भी प्रकट नहीं होता। उनकी आँख में कारुण्य भरा रहता है।

'कारुण्य' यानी क्या ? मर्सी, काइंडनेस कुछ भी कहो, लेकिन अर्थ प्रकट नहीं होता। परन्तु 'करुणा' क्या कहती है ? कुछ-न-कुछ करने की प्रेरणा देती है। हृदय में प्रेम है, लेकिन करने की प्रेरणा नहीं तो वह करुणा नहीं। करुणा चुप नहीं बैठती। लोग पूछते हैं, "बाबा घूमता क्यों है ? थकता कैसे नहीं इतना घूमने पर भी ?" तो यह करुणा है जो घुमाती है। वह कुछ करने के लिए प्रेरित करती है। वह बैठने नहीं देती। अब, हमारी 'बुद्धि' है। वह बोध देती है। यह उसका विशेष लक्षण है। 'करुणा' का विशेष लक्षण है, कुछ-न-कुछ कर मिटने की प्रेरणा देना।

हमारे सामने शुभ्र वस्त्र हम देखते हैं। 'शुभ्र' यानी क्या ? शुभ्र यानी पवित्र। शुभ्र यानी सिर्फ़ 'व्हाइट' (white) नहीं। 'शुभ्र' शब्द के साथ सुन्दरता का सम्बन्ध है। शोभा से भी उसका सम्बन्ध है। तो 'शुभ्र' में सौन्दर्य और पावित्र्य को एक कर दिया है। सामने शुक्र का आकाश में उदय होता है। शुक्र पवित्र है। 'शुचि' शब्द से शुक्र हुआ है। उसे देखते हैं, तो पावित्र्य की भावना प्रकट होती है। 'सूर्य' है, वह प्रेरणा देता है। 'सू' धातु से सूर्य बना है। 'सू' यानी प्रेरणा देना। 'मित्र' शब्द है। मित्र क्या करता है ? प्रेम करता है। सूर्य को 'मित्र' संज्ञा हम लोग देते हैं। सूर्य प्रखर होते हुए भी हम उसकी किरणों से घबड़ाते नहीं। मित्र तो वे होते हैं, जो हमसे कार्य कराते हैं। हम सोते रहते हैं, तो वह जगाता है, बैठे हैं तो काम करवायेगा। यह सारा यत्न करनेवाला मित्र है। सूर्य यह सब करनेवाला हमारा मित्र है। 'प्रेम से सबकी सेवा करनेवाला' ऐसा भी अर्थ उसमें आता है। कमरे के

दरवाज़े बन्द हैं। सूर्य बाहर उग रहा है। वह क्या करता है? वह हमारे दरवाज़े पर हाथ रखकर तत्पर रहता है। हम थोड़ा-सा दरवाज़ा खोलेंगे, तो थोड़ा सा ही वह अन्दर आयेगा। एकदम पूरा खोल देंगे, तो वह अन्दर मुक्त प्रवेश करेगा। लेकिन धक्का नहीं देगा दरवाज़े को। बाहर खड़ा रहेगा। यह मित्र की मर्यादा है।

इस प्रकार की शब्द-शक्ति भारत में है। इस पर अभी तक ध्यान नहीं गया। लेकिन जाना चाहिए। हमें शब्द की शक्ति पहचाननी चाहिए। सम्यक् शब्द का उपयोग हो।

ग़लत शब्द के कारण ग़लत चिन्तन

आज हम पुराने शब्द छोड़कर नये शब्द 'इम्पोर्ट' (आयात) करते हैं। उसका असर हमारे चिन्तन पर पड़ता है। हमारे चिन्तन में विचार-दोष आता है। हमको अपना चिन्तन ठीक ढंग से करना चाहिए, तभी हिन्दुस्तान को अपना मौलिक चिन्तन होगा। आज बाहर से इम्पोर्टेड शब्द लाते हैं और हमारी भाषा पर लादते हैं। परिणाम यह होता है कि हमारे जीवन में वह शब्द 'एसिमिलेट' नहीं होता, हजम नहीं होता, एकरूप नहीं होता।

अब, 'सेक्युलर स्टेट' की ही कल्पना लीजिए। यह बिलकुल एकांगी कल्पना है। वह हमें हजम नहीं हो सकती। यूरोप में वैसी परिस्थिति थी, तो वहाँ वैसा रिवाज चल सकता था। हिन्दुस्तान में तो 'धर्म' शब्द निकला। धर्म यानी क्या? धर्म यानी सबको धारण करना, स्टेट को भी धारण करना है। 'स्टेट को धर्म से कोई ताल्लुक़ नहीं'—ऐसा कोई कहता है, तो उसका हिन्दुस्तान में बिलकुल ही अलग अर्थ होता है!

ठीक शब्दों का उपयोग करते हैं, तो अच्छा है, अन्यथा उससे ग़लत धारणा भी हो जाती है। 'इन्डिपेंडेंस' कितना निकम्मा शब्द है! दुनिया में क्या होता है? हर शख़्स तो एक-दूसरे पर अवलम्बित ही है। तब कहाँ रहा इन्डिपेंडेंस? लेकिन 'स्वराज्य' भावात्मक अर्थ बताता है। वह स्वयमेव रंजित होता है, स्वयं-प्रकाशित होता है। आज तो हम यहाँ परदेश की ही बुद्धि लेते हैं, तो वह 'स्वराज्य' कैसे होगा? केवल हमारा राज हम चलाते हैं, इतने से क्या हो गया स्वराज्य?

वेद में आदित्य को स्वराज्य की उपमा दी है। सूर्य है 'स्वराट्', क्योंकि वह

स्वयं प्रकाशित है। चन्द्र है, पर-प्रकाशित। वेद में अत्रि के मण्डल में कहा है, यतेमहि स्वराज्ये—स्वराज्य के लिए हम यत्न कर रहे हैं। आप क्या समझते हैं कि उस ज़माने में किसी का उन पर राज था या वे परतन्त्र थे? ऐसा नहीं है। मतलब यह है कि जब तक बुद्धि आत्मनिष्ठ नहीं होती, तब तक स्वराज्य नहीं। अन्दर से प्रकाश मिलेगा, तो स्वराज्य प्रकट होगा।

कहते हैं, सोशियालिस्टिक स्टेट बनाना है। हिटलर का भी एक प्रकार का सोशियालिज़्म ही था। तो इस शब्द से कुछ अर्थ ही नहीं निकलता। व्यक्ति को समाज से अलग निकालते हैं और समाज को व्यक्ति से अलग समझते हैं, तब कैसे अर्थ निकलेगा? जो कल्पना से भी अलग नहीं हो सकते, उनको तो पहले अलग कर दिया और फिर दोनों के बीच का झगड़ा मान्य किया। अब कहते हैं, उस झगड़े को मिटाने के लिए 'सोशियालिज़्म' लाना चाहिए।

आज दुनिया में सब 'वर्ल्ड पीस' के लिए प्रयत्न कर रहे हैं। लेकिन बनता कुछ नहीं! इसका मतलब यह नहीं कि सन्तों ने, महापुरुषों ने जो कार्य किया, उसका कुछ भी असर नहीं हुआ है। 'पीस' आज इसलिए नहीं है, क्योंकि उस शब्द में कुछ भी अर्थ नहीं है! वह शब्द ही अर्थशून्य है। जिसको हम शान्ति कहते हैं, वह 'पीस' नहीं है। वह 'पीस' तो 'वायलेण्ट' भी हो सकती है। किसी देश पर व्यापारी-बहिष्कार डाला जाता है। यह बिलकुल 'पीसफुल एक्शन' है। लेकिन इसमें भी हिंसा होती है। तो यह शान्ति नहीं है। शान्ति शब्द का 'पीस' के साथ कोई सम्बन्ध नहीं है। 'पीसफुल' यानी प्रत्यक्ष लाठी नहीं चलायेंगे; बल्कि युक्ति-प्रयुक्ति से किया हुआ काम भी 'पीसफुल' माना जाता है। इसलिए 'पीस' 'विश्व-शान्ति' करने में निकम्मी है। पाश्चात्य शब्द के परिणामस्वरूप हमारे चिन्तन में ये सारे विचार-दोष आते हैं।

तो, सारा चिन्तन ही ग़लत ढंग का चल रहा है। जब तक हम अपने शब्द की शक्ति नहीं पहचानेंगे और बाहर से शब्द लेते जायेंगे, तब तक हमारा चिन्तन ऐसा ही ग़लत ढंग से जारी रहेगा। हम अपने शब्दों में चिन्तन करेंगे, तो हमारा चिन्तन मौलिक होगा। यह ठीक है कि जो अच्छी चीज़ है, हमारे लायक है, वह वहाँ से लेनी चाहिए। पर ऐसी ही चीज़ हम लें कि जो हमारे शब्दों में पैठती है। आज बहुत-से ग़लत शब्द हमारे चिन्तन में पैठ गये हैं। परिणामस्वरूप ग़लत चिन्तन होता है। इसलिए शब्द-शोधन

का कार्य साहित्यिकों को करना चाहिए। ठीक शब्द लोगों के सामने रखने चाहिए। साहित्यिकों को इतना ही कहना है कि आप शब्द-शुचित्व की तरफ़ ध्यान दें। शुद्ध शब्द का आविष्कार होगा, तो आचार-विचार शुद्ध होगा और चिन्तन भी शुद्ध होगा।

नहीं तो शस्त्र-शक्ति बिना चारा नहीं

जहाँ शब्द-शक्ति कुण्ठित होती है, वहाँ उसकी जगह शस्त्र-शक्ति ले लेती है। अगर हम चाहते हैं कि शस्त्र-शक्ति समाप्त हो—क्योंकि मसले हल करने में वह नाकाम सिद्ध हो चुकी है—तो शब्द-शक्ति बढ़ानी चाहिए।

शब्द-शक्ति के दो अर्थ हैं। एक तो यह कि जो हम बोलते हैं, उसका वही अर्थ प्रकट हो, जो हमारे मन में है।

राजनीतिज्ञों के बारे में कहा जाता है कि उनके शब्दों से एक अर्थ प्रकट होता है और उनके मन में दूसरा रहता है। व्यावहारिक नेताओं के बारे में भी यही धारणा है कि उनके शब्दों में गुप्त अर्थ छिपे रहते हैं। जहाँ ऐसी स्थिति हो, वहाँ शब्द-शक्ति कुण्ठित होती है। ऐसे शब्दों से क्रान्ति नहीं होती। जहाँ बात सारे समाज के दिल को छूती है, जहाँ सामाजिक मूल्य बदलते हैं, वहाँ क्रान्ति होती है। जिनके शब्द सीधे हृदय में प्रवेश करें, उन्हीं के द्वारा क्रान्ति होती है। इसलिए हमें ऐसी शब्द-शक्ति हासिल करनी है। ऐसी शक्ति सत्यनिष्ठा से प्राप्त होती है।

शब्द-शक्ति के दूसरे मानी हैं—किसी के शब्दों से लाखों को प्रेरणा मिलना। सन्तों के शब्दों पर लोगों को विश्वास होता है, पर जब तक उनके साथ ईश्वरीय संकेत जुड़ा रहता है, आधुनिक भाषा में कहें तो जब तक उनके साथ युगधर्म जुड़ा रहता है, तब तक ही वे दुनिया के लिए शिरोधार्य होते हैं। ईश्वरीय संकल्प हटते ही उनमें लोगों को प्रेरणा देने की शक्ति नहीं रह जाती। भगवान राम, रावण की मुक्ति तक ही अवतार थे, बाद में सामान्य मानव हो गये। इसलिए तुलसीदासजी ने रामचरित्र का उत्तरकाण्ड ख़ास चित्रित नहीं किया। इस प्रकार इतने बड़े अवतार भी ईश्वरीय संकल्प के हटने पर कुछ काल पश्चात् केवल मानव रह जाते हैं।

यह तो पुरानी भाषा हुई। इस युग की भाषा में कहें तो जिसकी भाषा के

साथ युगधर्म जुड़ा है, वही महापुरुष है। प्रामाणिकता तो सन्त की वाणी में होनी ही चाहिए। उसके अभाव में तो किसी को सन्त मान ही नहीं सकते। प्रामाणिकता होने से उसकी वाणी में शब्द-शक्ति का एक स्वरूप तो उतर आता है, मगर दूसरा स्वरूप युगधर्म जुड़ने के बाद ही उसमें उतरता है।

पहले प्रकार की शक्ति सत्य पर निर्भर है, किन्तु दूसरी के लिए सत्य के साथ ही तप भी आवश्यक है। और इन दोनों को मिलाकर ही शब्द-शक्ति का पूर्ण स्वरूप निर्मित होता है।

शब्द ही काम करेगा

'जपुजी' में आता है, घड़ीऐ सबदु सची टकसाल—अपने पास सत्य की टकसाल होनी चाहिए। उससे उत्तम-से-उत्तम शब्द बन सकता है। दुनिया में जो शक्ति है, वह शस्त्र में नहीं, शब्द में है। सेना के लोगों के साथ हमारा परिचय है। हम कश्मीर गये थे, वहाँ भी सेना के लोगों के साथ हमारा परिचय हुआ। वहाँ सेना में जो सिपाही हमने देखे, वे बहुत धर्मिक वृत्ति के थे। किसी के पास जपुजी होती है, किसी के पास रामायण होती है। धर्म की कोई-न-कोई पुस्तक न हो, ऐसे लोग बहुत ही कम देखने में आये।

हम सोचने लगे कि उनके पीछे ताक़त है, वह किसकी है? शस्त्र तो बाहर की चीज़ है। शस्त्र बदमाशों के हाथों में भी होते हैं। डाकू के पास भी शस्त्र होते हैं और उसके आधार पर वह लूटता है। उनके पास जो ताक़त है, वह शस्त्र की नहीं, वह शब्द की है। जहाँ शब्द बनता है, वह टकसाल सच्चाई है।

हमने इस बात पर ज़ोर दिया है कि काम वह करेगा, जिसके मन में चीज़ पैठ जायेगी और जो शब्द पर निष्ठा रखेगा। 'सर्वोदय' शब्द पर हमने निष्ठा रखी, इसलिए हमारा काम चला। सर्वोदय सबका भला चाहता है। इस शब्द में यह जो ताक़त है, वह हमें घुमा रही है। बार-बार हम कार्यकर्ताओं को समझाते हैं कि काम करो, लेकिन काम के साथ-साथ शब्द का मनन-चिन्तन करते रहो। प्रेरणा शब्द से मिलती है। हमारा अपना संघटन में इतना विश्वास नहीं, जितना शब्द पर है। शब्द ही काम करेगा।

शब्द-शक्ति कुण्ठित, तो साहित्य निस्तेज

इन दिनों भारत में हमने शब्द-शक्ति खोयी है। गाँधीजी आये, उसके पहले लोगों में यह भावना थी कि राजनैतिक नेता जो बोलते हैं उससे भिन्न अर्थ उनके मन में होता है, यानी वे द्वि-अर्थी बोलते हैं। गाँधीजी आये तो नया तरीक़ा आरम्भ हुआ। उन्होंने जैसा मन में है वैसा बोलना शुरू किया, यानी दोनों में कोई भेद नहीं। लोगों के मन में विश्वास हुआ कि गाँधीजी जो बोलते हैं वही अर्थ उनके मन में होता है। गाँधीजी ने तप करके शब्द की प्रतिष्ठा बढ़ायी, कायम की।

आज भारत में कोई नेता नहीं है, जिसके शब्द पर लोगों का पूरा विश्वास हो। जो बोलेगा वही अर्थ अगर मन में हो, तो राजनीति में वह मूर्खता मानी जायेगी। दिखाना एक बात, करना दूसरी बात और मन में तीसरी बात होगी, तो वह उत्तम राजनीतिज्ञ है, ऐसा आज माना जाता है!

लेकिन जहाँ शब्द-शक्ति गयी, वहाँ अमोघता नहीं रहती। फिर वहाँ शस्त्र-शक्ति के बिना गति नहीं रहती। जहाँ शब्द-शक्ति कम हुई, वहाँ शस्त्र-शक्ति ज़ोर करेगी और वहाँ साहित्यिक फीके हो जायेंगे, क्योंकि साहित्य का सारा दारोमदार शब्द पर होता है। शब्द ही शस्त्र हैं और शब्द ही रत्न हैं। इसलिए शब्द-शक्ति कुण्ठित हो, तो साहित्य निस्तेज होगा।

साहित्यिक का लक्षण क्या है? जिसका सम्पूर्ण चिन्तन यथावत् शब्दों में प्रकट होता है, उसका एक-एक शब्द यानी प्राण होता है। वह शब्द-शक्ति कुण्ठित होगी, तो साहित्यिक के जीवन में रस नहीं रहेगा।

भारत में शब्द–परम्परा

साहित्य ही भारत का वैभव

इस देश की महत्ता इसी में है कि यहाँ का जो सारस्वत है, साहित्य है, उसमें जो ऊँचे विचार मिलेंगे, वैसे विचार दुनिया की दूसरी भाषाओं में नहीं मिलेंगे।

अगर हमारी सबसे बड़ी कोई चीज़ है, तो वह है हमारा साहित्य। आजकल कहा जाता है कि संस्कृत भाषा तो अब मर गयी। आख़िर मरना–जीना क्या है? बीज मर गया और वृक्ष पैदा हुआ, तो क्या बीज मर गया? बीज मरा, परन्तु बीज में से पेड़ पैदा हो गया, वहाँ पर बीज नहीं मरा। जहाँ पेड़ ही नहीं पैदा होता है, वहाँ समझ लीजिए बीज मर गया, निर्जीव हो गया। ये जो हिन्दुस्तान की भाषाएँ हैं, सब संस्कृत से पैदा हुई हैं। तो उस बीज में से आज विशाल वृक्ष पैदा हुआ है। इसलिए यहाँ की हर भाषा में भक्ति का साहित्य मौजूद है। जो शक्ति बीज में थी, वही शक्ति इन भाषाओं में भी आयी है। तो हिन्दुस्तान का वैभव ही यहाँ का साहित्य है, दर्शन है। संस्कृत में जो नाटक और कहानियाँ लिखी गयीं, वैसी तो दुनिया की दूसरी भाषाओं में भी लिखी गयी हैं। हम यह दावा नहीं कर सकते कि यहाँ पर जैसा अद्‌भुत इतिहास लिखा गया, वैसा दुनिया की दूसरी भाषा में नहीं लिखा गया। लेकिन हम यह दावा कर सकते हैं कि हिन्दुस्तान में जो ब्रह्मविद्या निकली, उसकी अनेक शाखाएँ पैदा हुईं, अनेक दर्शन हुए; इन सबकी बराबरी करनेवाली चीज़ दुनिया में दूसरी कोई नहीं है। यह बात हम बिलकुल तटस्थ होकर कह रहे हैं। हमने दुनिया की बहुत–सी भाषाओं और साहित्य का अध्ययन किया है। किन्तु दुनिया की किसी भी भाषा में

ऐसा साहित्य नहीं है, जो निष्ठाभाव से कहे कि तत्त्वमसि—'तू ब्रह्म है' और यही हमारा बल है। यही भारत का गौरव है।

एक अखण्ड प्रवाह

भारत में शब्दों की बहुत महान शक्ति है। ऐसी परम्परा दुनिया में कहीं देखने में नहीं आती। यहाँ का पहला ग्रन्थ माना जाता है, वेद। प्राचीन होने पर भी वेद में जो शब्द हैं, उनमें से अधिकांश शब्द ज्यों-के-त्यों आप आज की हमारी चालू भाषा में पायेंगे। वेद का कोई मन्त्र लीजिए। उसमें के बहुत सारे शब्द आपके नित्य उपयोग के हैं।

चीनी भाषा का मैं नहीं जानता, वहाँ की क्या स्थिति है, पता नहीं। फिर भी मेरा अनुमान है कि वहाँ भी ऐसा नहीं होगा। वैसा होता तो चीन में आज का यह परिवर्तन न हुआ होता। चीन में बुद्ध के ज़माने से पहले एक महापुरुष हो गया, लाओत्से। उसका प्रभाव उस ज़माने में बहुत रहा। लेकिन आज चीन में लाओत्से की नहीं, माओ की चलती है।

भारत ने अपने पुराने शब्दों को तोड़ा नहीं। नये शब्द ज़रूर बनाये। साथ ही पुराने शब्दों का नया अर्थ लगाकर उनका विकास किया। शब्दों के विकास की योजना ही बना डाली। यह शब्द-परम्परा भारत में अखण्ड चली आयी है और शब्द-शक्ति प्रवाहरूप से विकसित होती आयी है। यूनान आदि किसी राष्ट्र में हम यह नहीं देखते।

भारत की यह विशेषता है कि यहाँ का जीवन अखण्ड रहा। इसका कारण यहाँ की शब्द-शक्ति का अखण्ड बना रहना है।

प्राचीन परम्परा एवं नये-नये संस्कार

भारत में प्राचीन काल से ज्ञान की अखण्ड परम्परा चली आयी है। शायद चीन को छोड़कर दुनिया में ऐसा दूसरा कोई देश नहीं है, जहाँ इस तरह से इतिहास-परम्परा अखण्ड चली आयी हो। आज के ग्रीस, रोम, मिस्र प्राचीन नहीं रहे, नये ही बन गये हैं। अन्य प्राचीन देशों की भी यही हालत हुई है। परन्तु हिन्दुस्तान में ज्ञान की अखण्ड परम्परा बराबर चली आयी हुई दीखती है।

ऋग्वेद दुनिया का शायद पहला ग्रन्थ है। इसमें शंका हो, तो भी हिन्दुस्तान का तो वह प्रथम ग्रन्थ है ही। उसके सैकड़ों शब्द आज की हमारी भाषाओं में हैं। जैसे अग्निमीळे पुरोहितम् के 'अग्नि' और 'पुरोहित', यज्ञस्य देवमृत्विजम् के 'यज्ञ' और 'देव', होतारं रत्नधातमम् के 'होतृ' और 'रत्न'—ये शब्द आज भी हमारी भाषाओं में प्रचलित हैं। हमने 'सैकड़ों' कहा, परन्तु ऐसे शब्द हज़ार तक निकल आयेंगे। मैं दूसरे ऐसे किसी देश की भाषा नहीं जानता, जिसमें पाँच हज़ार साल पहले के शब्द आज भी प्रचलित हों।

इसका अर्थ यह है कि इस देश में एक ज्ञान-विचार प्रकट हुआ और वह प्रवाहित होता रहा। पुराने शब्द टूटे नहीं, उनमें नया अर्थ भर दिया गया। इसका नाम है प्रवाह। 'लाउडस्पीकर' जैसी चीज़ तब नहीं थी, तो ऐसे शब्द भी तब नहीं थे। परन्तु इनका ज्ञान से कोई सम्बन्ध नहीं है। यह भौतिक वस्तु है। जिसको 'मानव-मन' कहते हैं, उससे इनका सम्बन्ध नहीं है। 'मानसिक शब्द' तो संस्कार और सभ्यता के सूचक होते हैं। जहाँ ज्ञानपरम्परा अखण्ड नहीं रहती, जहाँ एक ज़माने का प्रभाव दूसरे ज़माने के प्रभाव के सामने एकदम क्षीण हो जाता है, वहाँ ऐसी परम्परा नहीं चलती।

अँग्रेज़ों के आने से भी यहाँ के विचार-प्रवाह में खण्ड नहीं पड़ा, पूर्ति ही हुई। यदि विचार-प्रवाह खण्डित हो जाता, तो शब्द भी खण्डित हो जाते। लेकिन मानसिक शब्द वैसे ही चले आये हैं। 'यज्ञ' शब्द को ही लीजिए। एक ज़माने में यज्ञ में बकरे का बलिदान होकर ब्राह्मण भी उसका प्रसाद-सेवन करते थे, परन्तु मांसाहार-परित्याग का ज़माना जब आया, तो करोड़ों लोगों ने मांसाहार छोड़ा। अब ५०-६० साल से, भारत के इस महान विचार के प्रभाव-स्वरूप, पाश्चात्य देशों में भी मांसाहार-परित्याग का आरम्भ हुआ है। लेकिन यहाँ बकरे का बलिदान रुका, तो भी 'यज्ञ' शब्द खण्डित नहीं हुआ! एक नया विचार उसमें आया, जिसने पुराने अर्थ को तोड़कर समाज को आगे बढ़ाया। पर अगर यह शब्द ही खण्डित हो जाता, तो ज्ञान-परम्परा ही ख़त्म हो जाती। लेकिन इसी परम्परा ने मांसाहार का परित्याग कराकर भी 'यज्ञ' शब्द का विस्तार ही किया कि समाज-सेवा के लिए जो त्याग करना पड़ता है, वह यज्ञ है।

मनुष्य में कुछ पशु-अंश भी रहता है। काम-क्रोध-लोभ-मोह यह मानवता

नहीं पशुत्व है। इस पशुत्व का बलिदान ही सच्चा बलिदान है। यज्ञ में 'पशु' के बदले इसी 'पशुत्व' का बलिदान स्वीकार हुआ। यह आध्यात्मिक क्रान्ति है कि समाज आगे बढ़ा, लेकिन पुराने शब्दों को तोड़कर नहीं। अगर वह वैसा करता, तो जीवन का प्राणरस भी खण्डित हो जाता। वृक्ष के साथ चिपके रहने से ही शाखाएँ सजीव बनी रह सकती हैं। वृक्ष है प्राचीन परम्परा और शाखाएँ हैं नये संस्कार। हम नये संस्कार ग्रहण करें, लेकिन प्राचीन परम्परा से टूटकर नहीं। परिणामस्वरूप एकरसता भी बनी रहेगी और प्राचीन परम्परा भी खण्डित नहीं होगी।

आम की गुठली बोते हैं, जो शुरू में पत्थर की-सी कठोर होती है। लेकिन उसी में से कोमल अंकुर फूट निकलता है। गुठली से ही वह रस लेता है। फिर एक बड़ा स्कन्ध होता है, लेकिन वह खाने लायक नहीं होता। उसकी लकड़ी रसोई, मकान आदि बनाने के काम आती है। इस प्रकार नया रूप वह लेते जाता है और एकरसता में बाधा नहीं आती। फिर शाखाएँ, पत्ते, आम आदि के रूप में वह वृक्ष फलता-फूलता है और हरएक का अलग-अलग उपयोग होता है। कच्चे आम का भी फिर अचार बनता है और पका आम बनने पर मधुर फल के रूप में लोग उसे खाते हैं। बकरी पत्ते खायेगी, लेकिन स्कन्ध नहीं। अचार कच्चे आम का बनेगा, लेकिन पत्तों का नहीं। इस तरह फ़र्क़ तो है, लेकिन प्रारम्भ से अन्त तक एकरसता कायम रहती है।

आम्ररस लकड़ी को यह नहीं कहता कि तू पुराना समाज है, तेरा-मेरा कोई सम्बन्ध नहीं। वह यही कहता है कि तू मेरा पिता है। इस तरह वह स्नेहसम्बन्ध कायम रखता है। जहाँ समाज का अखण्डित विकास होता है, वहाँ भी इसी तरह प्राचीन काल से आधुनिक काल तक अनुसन्धान (पूर्वापर सम्बन्ध) बना रहता है। पुरानी परम्परा समाप्त करके नये सुधार करते हैं, तो उससे ताक़त नहीं बढ़ती और जड़ें गहरी न रहने से स्थिर बुद्धि के बदले मानसिक चंचलता पैदा होती है। पुरानी परम्परा का स्पर्श शक्ति प्रदान करता है, नया विचार माधुर्य उत्पन्न करता है। भारत में दोनों एकत्र हुए हैं।

पुराने शब्दों में नये अर्थ

पुराने शब्दों में नये अर्थ भरकर उनका विकास हम करते रहते हैं। यह

अहिंसक क्रान्ति की प्रक्रिया भारत में चली आयी है।

'भूदान' के 'दान' शब्द को लेकर लोग कहने लगे, "बाबा तो भिक्षा माँगने निकला है।" लेकिन हमने कहा, "नहीं, हम सबका हक़ माँग रहे हैं। जरा शंकराचार्य का भाष्य तो खोलकर देखो!" उन्होंने कहा कि दान यानी सम्यक् विभाजन—दानं संविभागः। यहाँ दान भीख नहीं है। शंकराचार्य ने ही नहीं, बुद्ध ने भी कहा है, यमाहु दानं परमं अनुत्तरं। यं सं विभागं भगवा अवण्णायी।

इस तरह हज़ार-डेढ़ हज़ार साल में एक ऐसा विचार सामने आया, जिसने दान का पुराना अर्थ नहीं माना। "दान देने से पुण्य-प्राप्ति होती है, अर्ध इन्द्रासन मिलता है"—इस तरह की पुरानी दान-पद्धति स्वीकार नहीं हुई, न उससे अहिंसक क्रान्ति बन सकती थी। ऐसे दानों से तो देनेवाला अहंकारी और लेनेवाला दीन ही बनता है। इसलिए ऐसा दान काम का नहीं है, यह क्रान्तिकारी विचार सामने आया।

लेकिन आधुनिक पाश्चात्य विद्या पाये हुए लोग उस ज़माने में होते, तो वे इस 'दान' शब्द की निन्दा करते हुए इस शब्द को ही तोड़ डालते। परिणामतः दान की स्तुति करनेवाली गीता, उपनिषद और वेद भी निकम्मे मान लिये जाते! परन्तु गीता, उपनिषद, वेदादि द्वारा प्रशंसित 'दान' शब्द को न तोड़कर उन्होंने उसमें 'दानं संविभागः' का नया अर्थ भर दिया। यह अर्थ समझकर आप गीता, उपनिषद आदि पढ़िए, तब उन्हीं पुराने शब्दों से नया प्रकाश मिलेगा। इसी तरह 'यज्ञ' यानी मनुष्य में के पशुत्व का छेद, जो स्वाध्याय-जप-तप-सेवादि से होगा। इसमें 'यज्ञ' शब्द तो कायम रहा, लेकिन नया अर्थ उसको मिल गया। 'तपश्चर्या' के रूप में कोई उलटे खड़े होते थे, ठण्डे पानी में रहते थे, अग्नि जलाकर बीच में पड़े रहते थे। इस तरह 'तप' का एक अर्थ चला। लेकिन गीता ने 'सत्य, प्रेम और स्वाध्याय' को वाणी का तप बताकर एवं वृद्ध और ज्ञानी की सेवा, ब्रह्मचर्य-पालन आदि को देह की तपस्या बताकर पुराने शब्द के आदर को कायम रखा।

परन्तु आज पुराने शब्द छोड़कर नये शब्द बाहर से 'इम्पोर्ट' करते हैं, लेकिन उनका ठीक अर्थ प्रकट करने के लिए यहाँ प्रतिशब्द नहीं मिलते। 'रेशनलाइजेशन' शब्द ही लीजिए। इसका हमारी भाषा में क्या प्रतिशब्द

होगा ? 'रेशन' पर से रेश्नल', फिर 'रेश्नलाइज' और फिर 'रेश्नलाइजेशन'। पर एक इंच लम्बा शब्द बनाकर भी कोई उपयोग नहीं! 'रेश्नलाइजेशन' यानी कारख़ाने में हज़ार मज़दूरों की जगह पाँच सौ मज़दूरों द्वारा उतना ही काम कराना। वास्तव में, यह 'रेश्नल' नहीं, 'मोस्ट इररे्श्नल' (अति बुद्धिहीन, बुद्धि-विरोधी) है।

यह कल्पना ही हमारे देश के लिए त्याज्य और अशोभनीय है। यहाँ तो पुराने शब्दों से ही कल्पना का विकास होगा। क्रान्तिकारी विचार की यह ख़ूबी होती है कि वह पुराने विचार में से कुशलतापूर्वक नव-विचार में प्रवेश कराता है, जैसे कुशल इंजीनियर हमको ऊपर-ऊपर चढ़ाकर भी उसका भान नहीं होने देता। यहाँ 'शब्द' कायम रखने की स्थूल कल्पना नहीं है, 'अर्थ' बदलने की ही सारी प्रक्रिया है। प्राचीन काल की ज्ञानधारा और विचारधारा कुण्ठित न हो।

अपूर्व काव्य-शक्ति

एक बार मैं बहुत बीमार था। कभी-कभी रामजी का नाम लेता था, कभी माँ का। अब मेरी माँ तो उस समय ज़िन्दा नहीं थी। मैं मन में सोचने लगा कि उस माँ का मुझे क्या उपयोग है, जो ज़िन्दा नहीं है और मुझे कितनी भी तकलीफ़ क्यों न हो, उसे मिटाने के लिए नहीं आ सकती। फिर भी मैंने उस शब्द का उपयोग किया। माँ के मरने पर भी 'माँ' शब्द के उच्चारण से उसके पुत्र को बीमारी में प्रसन्नता होती है और उस शब्द से ही उसे अपना अभीष्ट प्राप्त हो जाता है। यह ऐसा शब्द है, जिसमें काव्य की सीमा होती है।

ऐसे शब्द हमारे देश में, हमारी भाषाओं में बहुत हैं। इसलिए यहाँ लोग अनिच्छा से भी कवि बनते हैं। वे शब्द ही ऐसे होते हैं, जो अनेकविध प्रेरणा देते हैं। इसलिए मनुष्य चाहे या न चाहे, वह कवि बन जाता है। मेरा ख़याल है कि भारतीय भाषाओं में जितनी काव्य-शक्ति है, उसकी तुलना में दुनिया की दूसरी भाषाओं में कम है। हाँ, अरबी और लैटिन में है। संस्कृत में यह सामर्थ्य बहुत ज़्यादा है, क्योंकि वह भाषा काफ़ी प्राचीन काल में निर्माण हुई है। इसलिए मनुष्य आज जिस तरह स्पष्टरूप में सोचता है, वैसा उस समय नहीं सोचता था, अस्पष्टरूप में सोचता था।

जहाँ मनुष्य अस्पष्टरूप में सोचता है, वहाँ बहुत ज़्यादा सोचता है। जहाँ स्पष्ट सोचता है, वहाँ विशिष्टता आ जाती है और व्यापकता कम हो जाती है। जैसे स्वप्न में स्पष्टता नहीं होती, परन्तु स्वप्न में जो विविधता होती है, वह दुनिया में जो विविधता है, उससे भी ज़्यादा होती है। सृष्टि में जो है, वह सब स्वप्न में है और सृष्टि में जो नहीं है, वह भी स्वप्न में है। स्वप्न के पेट में जाग्रति होती है। कवि की सारी सृष्टि स्वप्नमय होती है। उसका चिन्तन सूक्ष्म, अव्यक्त और अस्पष्ट होता है।

संस्कृत में अपूर्व काव्य-शक्ति की ख़ूबी है। इस ख़ूबी के कारण ही वह भाषा गौरवान्वित हुई। वह बहुत ही प्राचीन भाषा है। उसमें बहुत ही सामर्थ्य है।

विज्ञान में आधुनिकतम, साहित्य में प्राचीनतम

कहा गया है कि 'इन साइन्स दी मॉडर्नेस्ट एण्ड इन लिटरेचर दी ओल्डेस्ट'— विज्ञान में आधुनिकतम किताब चाहिए और साहित्य में प्राचीनतम। कहा जाता है कि एक महीने पहले की विज्ञान की किताब काम में नहीं आयेगी। आज की किताब ही काम की होगी। लेटेस्ट किताब होनी चाहिए। लेकिन साहित्य जितना पुराना होगा, उतना अच्छा।

इसलिए कहा गया कि साहित्य की परीक्षा काल करता है। अगर साहित्य में सार नहीं होगा, तो कौन पढ़ेगा ? लेकिन हज़ार साल हुए तो भी किताब चली, तो उसका मतलब है कि काल-पुरुष ने परीक्षा कर ली।

साहित्यिक विवाद के कुछ मुद्दे

वाङ्मय—दग्ध और विदग्ध

मनुष्य सृष्टि का ही एक भाग होता है, और स्रष्टा का एक अंश। सृष्टि से उसकी देह का धारण होता है और सृष्टि से ही उसके हृदय का पोषण भी होता है। मनुष्य के लिए अन्न का कोठार और बोध का ख़ज़ाना, ऐसे दुहरे रूप में सृष्टि सजी है।

सृष्टि और मानव के बीच परदा नहीं है। मानव सृष्टि में से सीधे बोध ग्रहण कर सकता है और वह आज तक उस तरह करता आया है। यही बोध वाणी में उतरकर वाङ्मय, और सरस्वती की कृपा पाकर सारस्वत बनता है। सरस्वती के विशेष कृपापात्र महापुरुष औरों के लाभ के लिए ग्रन्थरूप में ऐसा सारस्वत संचित कर रखते हैं। यह संचय मानव की अमूल्य निधि है।

वाङ्मय की मीमांसा करनेवाले साहित्यकार बोध की मार करनेवाले साहित्य को, यद्यपि वह बोध समुचित होता है, गौण समझते हैं और सूचक साहित्य को प्रथम स्थान देते हैं। साहित्यिकों की यह दृष्टि एक अहिंसक सूक्ष्म दृष्टि है, ऐसा मैं समझता हूँ। जैसे प्रत्यक्ष रेखाबद्ध बोध से दूसरे पर आक्रमण होता है, वैसे ही सूचक बोध भी अगर अति गूढ़ हो गया, तो मनुष्य की बुद्धि को सतायेगा। इसलिए अहिंसा में रमे हुए सरस्वती-पुत्रों की लेखन-शैली, सुझानेवाली किन्तु न चुभनेवाली, मध्यस्थ होती है। इस तरह उभय मर्यादाओं को सँभालकर जो वाङ्मय अवतरित होता है, वह है विदग्ध वाङ्मय। ज्ञानदेव के कथनानुसार जैसे पानी आँख की पुतली को भी कष्ट नहीं देता और चट्टान को भी चीर डालता है, वैसा ही यथार्थ

और मृदु, मित और रसाल है विदग्ध वाङ्मय का विशुद्ध स्वरूप।

आज काव्य, नाटक, उपन्यास, लघुकथा इत्यादि का समावेश विदग्ध वाङ्मय में किया जाता है। लेखन-शैली के ये प्रकार अहिंसक सूचन-पद्धति के लिए अनुकूल हो सकते हैं। परन्तु काव्य, नाटक आदि साहित्य स्वरूपमात्र के कारण विदग्ध होगा ही, ऐसा नहीं है। काव्य, नाटक, कथा आदि का कितना ही साहित्य आज ऐसा बताया जा सकता है कि अगर करना ही पड़े, तो उसका शुमार दग्ध वाङ्मय में ही करना होगा।

दग्ध कौन और विदग्ध कौन, उसकी कसौटी और कोई न करे, तो भी ज़माना तो करता ही रहता है। मिसाल के तौर पर रामायण और महाभारत। दोनों उत्तम उदाहरण हैं विदग्ध वाङ्मय के—ज़माने की कसौटी पर कसे हुए। इसके ख़िलाफ़ बहुत सारे पुराण यद्यपि कथाशैली से भरे हुए हैं, आज दग्ध हो चुके हैं। इस बात से लाभ उठाकर कि काव्य, कथा आदि साहित्य लोगों को रोचक हो सकता है, जो ढेर-सा साहित्य अनेक भाषाओं में लिखा जा रहा है, सारा दग्ध वाङ्मय है, आज नहीं तो कल जल जानेवाला है। जल जाने के पहले अनेक लोगों के हृदय भी वह जलाये डाल रहा है, यह दुख की बात है।

प्रत्यक्ष बोध नहीं रुचता, बल्कि सूचन भी हमेशा रुचता ही है, ऐसा नहीं है। व्याजोक्ति, व्यंग्योक्ति, वक्रोक्ति आदि सूचन सीधे आक्रमण से भी अधिक अप्रिय होते हैं। सारांश, सूचन विदग्ध ही होगा, ऐसा नहीं, और प्रत्यक्ष बोध भी अगर प्रेमाधिकार-सम्पन्न हो, तो विदग्ध हो सकता है। इसलिए गीता के समान प्रत्यक्ष उपदेश भी विदग्ध वाङ्मय है; इतना ही नहीं, विदग्ध वाङ्मय का आदर्श साबित हो सकता है। प्रेम से रिझाकर हितोपदेश करने के जितने प्रकार हैं, फिर वे प्रत्यक्ष उपदेश के हों, चाहे परोक्ष सूचन के, विवेचनरूप हों अथवा कथारूप, विदग्ध वाङ्मय हैं।

शाश्वत अंश और अशाश्वत अंश

साहित्य में शाश्वत अंश और अशाश्वत अंश को कौन-सा स्थान हो, यह सवाल है। कोई कहेगा कि मैं शाश्वत अंश को प्रधान करके लिखूँगा और अशाश्वत को क़ीमत नहीं दूँगा। तो वह 'स्केलेटन' होगा—अस्थिपंजर होगा, उसमें ख़ून या माँस नहीं रहेगा। इसलिए अशाश्वत और शाश्वत का

झगड़ा साहित्य में नहीं होता। दोनों को वह समानरूप से लेता है। आज के समाज के लिए भी वह उपयोगी होगा और आगे के लिए भी उपयोगी होगा। क्योंकि आगे भी आज जैसी परिस्थिति हो सकती है। जिस ज़माने में 'हेमलेट' लिखा गया, तब लेखक के मन में शायद कोई राजनैतिक घटना होगी। वह घटना आज नहीं, फिर भी आज 'हेमलेट' सबको आकर्षित करता है। उसमें अशाश्वत होगा, लेकिन शाश्वत का विचार भी है।

अशाश्वत दो प्रकार का होता है। एक शाश्वत अशाश्वत और अशाश्वत अशाश्वत। अशाश्वत अशाश्वत का नमूना अख़बार है। कल का अख़बार आज काम का नहीं। कल का कल ख़त्म हो गया। 'हेमलेट' में अशाश्वत का जो अंश है, वह शाश्वत अशाश्वत का है। उसके अलावा उसमें शाश्वत तत्त्व भी है। दोनों का समान भाव रहेगा।

साहित्य के देवता गणेश हैं। वह साहित्य का रूपक है। उस गणेश के दो गण्डस्थल रहते हैं। ज्ञानदेव ने कहा है कि वे दो गण्डस्थल द्वैत अद्वैत सरिसे समान। इधर द्वैत है और उधर अद्वैत है। एक भाग में द्वैत और दूसरे में अद्वैत। जो एक-दूसरे के ख़िलाफ़ माने गये, उन्हें ज्ञानदेव ने नज़दीक रख दिया। वैसे शाश्वत और अशाश्वत दोनों हुए बिना साहित्य नहीं हो सकता। लेकिन उसमें जो अशाश्वत है, वह अशाश्वत अशाश्वत न हो। नहीं तो अख़बार जैसी हालत होगी।

जीवन के प्राणतत्त्व की अनुभूति

कोई भी साहित्य क्या शाश्वत हो सकता है? 'शाश्वत' और 'अशाश्वत' शब्द निरपेक्ष नहीं हैं। मानव की किसी भी कृति को ये शब्द तारतम्य से लगाने पड़ते हैं। वैसे मानव का कुछ भी शाश्वत नहीं, उसमें का भाव ही महत्त्व का होता है। भाव यह है कि विश्वात्मा का अंश होने से वह शाश्वत है, किन्तु निरपेक्ष अर्थ से उसकी कृति शाश्वत नहीं। फिर भी साहित्य का शाश्वत और तात्कालिक, ऐसा भेद किया जाता है।

यह सच है कि समाज बदलता रहता है, फिर भी कुछ बातें नहीं बदलतीं। आज हमारी पोशाक बदल गयी है। प्राचीन ऋषि हमारा रूप देखकर यह नहीं पहचान सकेंगे कि यह अपनी ही परम्परा का मनुष्य है। आज हम उनकी भाषा नहीं बोलते। इतना होते हुए भी उस ऋषि का वाक्य हमें

रिझाता है, हँसाता है और हमारे काम आता है। कारण, उसमें कुछ अंश ऐसा है, जो कभी नहीं बदलता। कुछ अंश ऐसा अवश्य होता है, जो बारहमासी फूलों की तरह सदैव तरोताज़ा रहता है। इस तरह मानव का अन्तरभाव, जीवभाव, जो पहले था, आज भी बना हुआ है। जिस साहित्यिक के साहित्य में उस अंश का प्राधान्येन ग्रहण होता है, वही साहित्य शाश्वत होता है, ऐसा अनुभव है।

'ज्ञानेश्वरी' को आज कितने वर्ष हो गये! उसके बाद कितने ही नवसाहित्य का सर्जन हो चुका। फिर भी वह मैया आज भी बनी हुई है, पिछड़ नहीं गयी। वह नित्य नूतन लगती है।

यद्यपि समाज और जीवन बदलता रहता है, फिर भी कुछ अंश तो न बदलनेवाला हुआ ही करता है। प्राचीन ऋषियों का वेष आज बदल गया, लेकिन क्या श्वासोच्छ्‌वास भी बदल गया? हवा की उपयोगिता आज भी पहले जैसी ही बनी हुई है। पहले के लोग फलाहार करते थे और हम लोग बिस्कुट खाते हैं। लेकिन हवा से आनन्द उन्हें भी होता था और हमें भी होता है, क्योंकि वह प्राणतत्त्व है। जिसका साहित्य जीवन का यह प्राणतत्त्व लेकर बना हो, उसमें गहरी अनुभूति हुआ करती है और फिर वह अनुभूति ऐसी पकड़ लेती है कि उसका साहित्य शाश्वत बन जाता है।

भगवान का 'डिस्टर्बिंग फैक्टर!'

बाहर का जीवन किस प्रकार का है, यह हमें नहीं देखना चाहिए। जहाँ उत्तम जीवन है, वहीं उत्तम विचार सम्भव है—यह तो सामान्य नियम हुआ। लेकिन किसी कारण अन्दर एक चिन्तन-प्रवाह होता है, तदनुसार बाहर का जीवन नहीं बनता। फिर भी अन्तर में परमरमणीय उन्नत विचार हो सकते हैं।

इसीलिए भगवान को मानना पड़ता है, क्योंकि भगवान एक 'डिस्टर्बिंग फैक्टर' है। दुनिया में सब कुछ कार्य-कारण के नियम से चलता, तो भगवान को कोई तकलीफ़ नहीं देनी पड़ती। लेकिन बाह्य आचरण भिन्न कोटि का होते हुए भी अन्दर उन्नत विचार की स्फूर्ति होती है। आख़िर शरीर से आत्मा भिन्न तो है ही। इस हालत में आरोग्यवान शरीर में आरोग्यवान मन हो, इस सामान्य नियम के लिए असंख्य अपवाद हुए हैं

और होंगे। इसलिए मैंने कहा कि बाहर का जीवन नहीं देखना है।

कुछ समस्याएँ

मेरे सामने जो समस्याएँ हैं, उन्हें मैं थोड़े में साहित्यिकों के सामने रखता हूँ। उस पर आप सोचिए और मार्गदर्शन कीजिए। साहित्य के धर्म में यह चीज़ आती है।

मैं कहना चाहता हूँ कि नैतिक मूल्यों में सत्य से बढ़कर कोई मूल्य नहीं हो सकता। बाक़ी नीतिमत्ता और सदाचार के जो मूल्य हैं, वे दोयम दर्जे के हैं। लेकिन आज मनुष्य ने तय किया है कि कुछ अनीतियों और बुराइयों को पहले दर्जे की बुराई माना जाये। इसीलिए मनुष्य उन्हें छिपाने की कोशिश करता है। लेकिन मैं कहता हूँ कि छिपाना पहले दर्जे की बुराई माननी चाहिए। हमारे हाथ से कुछ बुराई होती है, तो हम उसे छिपा लेते हैं। यह छिपाना उस बुराई से भी बदतर है। सत्य को ही सबसे बड़ा मूल्य मानना चाहिए।

बात यह है कि दुराचार के लिए घृणा है इसलिए लोग उसे छिपाते हैं। लेकिन हमें समझना चाहिए कि सर्वोत्तम नीति, धर्म है सत्य और सबसे बड़ा अधर्म है, छिपाना, असत्य। यह मूल्य हम समाज में जब तक स्थापित नहीं करते, तब तक समाज का स्वास्थ्य नहीं सुधरेगा।

दूसरी बात मैं यह कहना चाहता हूँ कि शब्द की शक्ति टूट रही है। यानी लोकनेता जो बोलते हैं, वही उनके मन में भी है, इसका लोगों को विश्वास नहीं रहा है। ऐसी हालत में समाज आगे नहीं बढ़ सकता। मेरा मानना है कि आगे की प्रगति में यह बहुत बड़ा ख़तरा है कि शब्द-शक्ति कुण्ठित हो रही है। शब्द-शक्ति समाज में कैसे स्थापित हो, इसकी कोशिश साहित्यिकों को करनी चाहिए।

तीसरी बात मैं यह कहना चाहता हूँ कि साहित्यिकों की अपनी-अपनी स्वतन्त्र प्रतिभा ज़रूर होनी चाहिए, लेकिन उसके साथ-साथ यह भी हो कि हम सब मिलकर कोई साधना करें। उसका एक सामूहिक दर्शन होगा, जो समत्वयुक्त होगा।

वेद में एक सूक्त देखकर मुझे आश्चर्य लगा। वह तीन मन्त्रों का सूक्त है। वेद में लिखा जाता है कि फलाने सूक्त का ऋषि वसिष्ठ है, फलाने का

गृत्समद आदि। वैसे ही इन तीन मन्त्रों के लिए लिखा है—सहस्रं वसुरोचिषः। मैं सोचने लगा कि तीन मन्त्रों के हज़ार ऋषि तो लेखक हो नहीं सकते! सोचते-सोचते मुझे लगा कि कोई एक निमित्तमात्र का लेखक होता था। उसे वे महत्त्व नहीं देते थे। लेकिन जो दर्शन होता था, वह सामूहिक ही होता था। अवश्य ही सामूहिक साधना से वह दर्शन एक मनुष्य में प्रकट होता था, फिर भी वह उस एक का दर्शन न होकर उन सबका था, जिन्होंने मिलकर तपस्या की।

अक्सर कहा जाता है कि पुराणों में ऐसे बड़े-बड़े आँकड़े लिखने की आदत ही है, इसलिए उनके हज़ार का मतलब एक ही समझा जाये। पुराणों में लिखा रहता है कि फलाने ऋषि ने ५२ साल उपवास किये, फलाने ऋषि ने दो हज़ार साल तपस्या की, आदि। लेकिन मुझे लगता है कि किसी ने दो हज़ार साल तपस्या की, ऐसा वर्णन हो तो उसके मानी है कि दो हज़ार लोगों ने एक साल तपस्या की और एक प्रयोग आजमाया।

मेरा मानना है कि जिस ज़माने में विज्ञान और अध्यात्म का मेल करना है, उस ज़माने में साहित्यिकों को अपने-अपने अनुभवों का निचोड़ सबके सामने रखना चाहिए और सब मिलकर सामूहिक तपस्या, सामूहिक साधना करनी चाहिए। मैं सिर्फ़ आदान-प्रदान की ही बात नहीं करता, बल्कि विचारों के अनुभव की बात करता हूँ। मेरे विचारों का आप अनुभव करें और आपके विचारों का मैं अनुभव करूँ, यह ज़रूरी है।

इसके लिए मैं एक मिसाल देता हूँ। हम बाइबिल, कुरान, गीता आदि पढ़ते हैं। इस तरह पढ़ना एक बात है। पढ़ने में उनमें जो फ़र्क़ है, वह ध्यान में लेना दूसरी बात है। उनमें जो फ़र्क़ है, वह गौण है, यों मानकर सबमें जो एकता का अंश है, उसे पकड़ना तीसरी बात है। सिर्फ़ एकता को ही पकड़ना नहीं, बल्कि उनमें जो विविधता का अंश है, उसकी उपासना करना चौथी बात है। रामकृष्ण परमहंस ने इस तरह भिन्न-भिन्न धर्मों की उपासना की और एक महान अनुभव-सूत्र पकड़ लिया था, जो सबमें पिरोया हुआ है। मैं यह ज़रूरी मानता हूँ कि साहित्यिकों के लिए न केवल अनुभवों का आदान-प्रदान ही आवश्यक है, बल्कि उनके अनुभवों से एकता भी निकले। अनेक साहित्यिक मिलकर कोई एक आध्यात्मिक संशोधन करें। ऐसा हो सके, तो बहुत बड़ी बात होगी। मैं मानता हूँ कि वह आगामी युग के लिए बहुत ज़रूरी है।

एकत्रित उपासना

एक भाई ने कहा कि अगर सत्य-शिव-सुन्दर की कसौटी पर नापा जाये, तो शायद सिर्फ़ तुलसीदासजी ही खरे निकलेंगे और बाक़ी सारे किसी एक या दो अंश में उत्तीर्ण होंगे और बचे हुए अंशों में फेल होंगे। उनका यह अभिप्राय सही हो सकता है। मुझे हिन्दी साहित्य का इतना ज्ञान नहीं है कि मैं अपना विचार पेश करूँ। लेकिन इसमें कोई शक नहीं कि उन्होंने तुलसीदासजी के लिए जो कहा, वह सर्वथा सत्य है। तुलसीदासजी की कोटि के न हों, लेकिन हम उनके रास्ते पर चलनेवाले हो सकते हैं। एक ज्ञानी को जो गुण-सम्पदा हासिल हो सकती है, वह उसे भी हासिल हो सकती है, जो ज्ञानी नहीं है, परन्तु ज्ञानी के वचनों पर श्रद्धा रखकर चलता है।

मैंने इस वाक्य का प्रयोग जानबूझकर किया है। श्रद्धा रखनेवाले को ज्ञानी का गुण-समूह मुफ़्त में हासिल होता है। रामजी जो काम ज्ञान से कर सके, वही काम हनुमान श्रद्धा से कर सके। तुलसीदासजी एकआध ही निकले। लेकिन उस कोटि के न होने पर भी उस दिशा में जिनका विचार जाता है, ऐसे साहित्यिक भी बहुत काम करते हैं। मुझे तो ऐसे साहित्यिकों का विशेष आकर्षण है, जो अपूर्ण होते हुए भी पूर्ण के साक्षात्कार के लिए प्रयत्नशील होते हैं।

बहुत-से लोगों को पूर्णिमा की रात्रि बहुत सुन्दर लगती है, मुझे भी लगती है। लेकिन एक कवि ने लिखा कि जैसे रवि-शशिहीन अम्बर बिलकुल विरूप, अनाकर्षक लगता है, वैसे ही बिना भक्ति के जीवन अनाकर्षक है। दूसरी बात तो मैंने कबूल की, लेकिन रवि-शशिविहीन अम्बर मुझे तो बड़ा सुन्दर मालूम होता है। अमावस्या की रात्रि में जहाँ सूर्य भी नहीं और चन्द्र भी नहीं, किसी की ज़ुल्मी सत्ता किसी पर नहीं चलती। तारे अपनी-अपनी रोशनी से चमकते हैं। एक चाँद होता है, तो उस एक की साम्राज्यवादी सत्ता चलती है। इसलिए दूसरों का तेज फीका पड़ता है। लेकिन चाँद नहीं होता, तो उस रात्रि को सारे नक्षत्र चमकते हैं। वह दृश्य बड़ा ही रमणीय मालूम होता है। इसलिए कोई महान् चन्द्र या सूर्य न हो, लेकिन छोटे-छोटे नक्षत्र हों, तो हमें उनका सौन्दर्य कम नहीं लगता। उनका मार्गदर्शन कम नहीं मिलता। बल्कि मैं तो घूमनेवाला हूँ, इसलिए अपने अनुभव से कहता हूँ कि दिशा-दर्शन जितना स्पष्ट रात में होता है, उतना दिन में भी नहीं

होता। हम किस दिशा में, किस कोण में जा रहे हैं, यह सब ज्ञान रात में अधिक होता है। सूर्य भी हमें उतनी स्पष्ट दिशा नहीं दिखा सकता, जितने ये सितारे, नक्षत्र मिलकर बता सकते हैं। अत: स्पष्ट है कि एक महान साहित्यिक जितना कर सकता है, उतना छोटे-छोटे साहित्यिक सब मिलकर कर सकते हैं।

अगर साहित्यिक अपने अनुभवों को एकत्रित उपासना की दृष्टि से अनुभूत करें, तो किसी एक सूरज से जो रोशनी नहीं मिलेगी, वह उनसे मिलेगी और दिशा-दर्शन होगा।

सर्वजन या विशिष्टजन

कई दफ़ा कहा जाता है और साहित्यिक या कलारसिक भी लोगों से कहते हैं कि तुम अरसिक हो, अपढ़ हो, इसलिए हमारी कला नहीं समझ सकते। साहित्य, चित्रकला, संगीत आदि के लिए मन, आँख और कान प्रशिक्षित चाहिए। वह न हो, तो रसग्रहण नहीं कर सकते।

लेकिन इस प्रकार प्रशिक्षित आँख या कान की जो आशा साहित्यिक दूसरों से करते हैं, उससे उलटी आशा मैं रखता हूँ। मैं मानता हूँ कि अरसिक शिरोमणि को भी जो रसास्वादन कराता है, वही कवि है। कोकिला यह आशा नहीं रखती है कि मेरा गीत सुनने के लिए 'प्रशिक्षित कान' चाहिए! सरोवर में सुन्दर कमल खिला है, तो सबको अच्छा लगता है। वह कमल यह अपेक्षा नहीं करता है कि मेरा रसग्रहण करने के लिए लोगों में 'प्रशिक्षित आँख' होनी चाहिए। जिन्हें तालीम नहीं मिली है, ऐसे अपढ़ मनुष्य को जो अपना रस नहीं पहुँचा सकता, उसका ख़ुद का रस का झरना सूख गया है, ऐसा मैं तो मानता हूँ।

मैं किसी से यह नहीं कहूँगा कि तुम रसिक नहीं हो, बल्कि यह कहूँगा कि दूसरों को रस दिलाने की शक्ति मुझमें नहीं है। इसलिए मुझमें कवित्व कम है। बिलकुल सहजभाव से जो शब्द सबको खींच सकते हैं, उनमें ही ज़्यादा-से-ज़्यादा कला प्रकट होती है, ऐसा मैं मानत हूँ। जो कला ग्रहण करने के लिए ग्राहक को विशेष शिक्षण की ज़रूरत होती है, उसमें भी कुछ तो कला है, परन्तु वह कला स्वयं प्रत्यक्ष, स्वयं स्पष्ट नहीं है। चन्द्र सबको खींच लेता है। बालक को भी खींचत है।

सूर्योदय का आकर्षण पक्षी को भी होता है। इस तरह जिस वस्तु से अत्यन्त स्वाभाविक आकर्षण होता है, उस वस्तु में अत्यन्त श्रेष्ठ कला प्रकट हुई, यह मेरी राय है।

टॉल्स्टाय एक महान् साहित्यिक था। लेकिन उसने ख़ुद पर ही टीका करते हुए कहा था कि मैं जो बड़े-बड़े उपन्यास लिखता हूँ, उनमें साहित्य नहीं है; किन्तु मैंने जो छोटी-छोटी कहानियाँ लिखी हैं, उनमें कला प्रकट हुई है। इसका कारण उसने यह दिया है कि वे कहानियाँ बिलकुल सहजभाव से छोटे बच्चे भी समझ सकते हैं, और बड़े भी। शिक्षित भी समझ सकते हैं और अशिक्षित भी। उसका सार्वजनिक रसग्रहण सर्वजनसुलभ है। जो सर्वजनों के लिए लभ्य होगी, सर्वजनों को स्पर्श कर सकेगी, वही श्रेष्ठ कला है।

'साहित्य' का अर्थ ही है, सहित या साथ जानेवाला। जो साहित्य अमुक के साथ ही जाता है, सबके साथ नहीं जाता, वह संकुचित बनता है। गुड़ सबको अच्छा लगता है। जिससे सबके मन में प्रीति न हो, वह साहित्य नहीं, राहित्य है। साहित्य सर्वजनों के बजाय विशिष्टजनों के लिए ही हो गया, तो वह कोई साहित्य की प्रगति नहीं, संकुचितता ही मानी जायेगी।

सर्वसुलभता एक कला है

क्या साहित्य आबाल-सुबोध हो, ऐसा आग्रह रखना चाहिए? यह सवाल अक्सर उठता रहता है।

मेरा विचार है कि 'आबाल-सुबोध' वाली बात तारतम्य से ग्रहण करनी चाहिए। मेरी 'गीता-प्रवचन' पुस्तक सरल है और 'स्थितप्रज्ञ-दर्शन' कठिन। 'उपनिषदों का अभ्यास' तो और भी कठिन है। कुछ शताब्दियों के बाद यह भी चर्चा चल पड़ेगी कि इन तीन पुस्तकों का लेखक विनोबा एक ही है या भिन्न-भिन्न? इसी तरह जिस ज्ञानदेव ने 'ज्ञानेश्वरी' लिखी, क्या उसी ने इतना कठिन और उलझनभरा ग्रन्थ 'अमृतानुभव' लिखा? ऐसा प्रश्न अनेकों के मन में खड़ा हो जाता है।

साहित्यिकों को यह स्वाभाविक शौक़ ही रहता है कि उनका बोलना बहुतों की समझ में आये। इसलिए जितने अधिक लोगों को वह ग्राह्य होगा, वह जितना ही लोकभोग्य, आकर्षक, समर्पक और योग्य होगा, उतना ही

अच्छा है। अगर साहित्य का आकर्षण विशिष्ट लोगों तक ही सीमित रहा, तो मुझे लगता है कि उसमें कला की कमी है। कला के बारे में कुछ कहना मुझे कठिन मालूम पड़ता है, लेकिन बचपन की एक बात याद आ रही है। एक गवैया इतना सुन्दर गा रहा था कि लोग ऊब गये। तब हम लोगों ने यह कहकर कि 'कला ग्रहण करने के लिए कुछ योग्यता होती है, उसे अच्छा संगीतज्ञ करार देकर तथा लोगों को अरसिक बताकर छुट्टी पा ली! लेकिन कोयल गाती है, तो क्या वह किसी को नापसन्द होता है? छोटे-बड़े सभी को प्रिय लगता है। अगर कोई कला ग्रहण करने के लिए भी बहुत-सा ज्ञान अपेक्षित हो, तो उसे उस कला की न्यूनता क्यों न मानी जाये? कला की बात है, कोई शास्त्र होता तो अलग बात थी।

मेरा अपना मत है कि साहित्य का कोई शब्द समझ में आये या न आये, लेकिन उसका भाव सबका चित्त आकृष्ट करे, तो कहा जा सकता है कि उसमें व्यापकता अधिक है। भवभूति से कालिदास की कला अधिक श्रेष्ठ है, यह प्राय: सभी मानते हैं। लेकिन मैं एक क़दम आगे बढ़कर कहता हूँ कि कालिदास से भी वाल्मीकि की कला श्रेष्ठ है। कालिदास की कविता किसी बग़ीचे की तरह सजी-सजायी है, तो वाल्मीकि की रामायण भव्य, महान् जंगल है। जिस तरह दक्षिण के भव्य मन्दिर देख मानव चकित हो उठता है, उसी तरह वाल्मीकि का रामायण पढ़कर मालूम पड़ता है। कालिदास में उसका अंशमात्र है। यह बात रसिक जन न मानते हों, तो भी कालिदास ने स्वयं मान्य की है। कालिदास ने जो भी अच्छी-अच्छी कल्पनाएँ, उपमाएँ लीं, वे सब वाल्मीकि की हैं।

छोटे-बड़े सभी को समझ में आनेवाली वाणी किसी की भी हो, तो वह हमें पसन्द आयेगी। 'पिलग्रिम्स प्रोग्रेस' छोटे-बड़े सभी को पसन्द आता है। जिसे यह युक्ति सध जाये, उसी में कला का अधिक प्राकट्य माना जायेगा। फिर शब्द-रचना कैसी की जाये, इस बारे में मैं किसी तरह का बन्धन डालना नहीं चाहता।

इस तरह साहित्यिक की भाषा कैसी हो, यह असाहित्यिक कैसे बताये? फिर भी, मैं इतना ही कहता हूँ कि आपका साहित्य जितने अधिक लोगों को आकर्षक होगा, उसमें उतनी ही अधिक कला मानी जाये।

वाणी के वर्ज्य अवगुण

ज्ञानदेव ने साहित्यिकों को सूचना दी है। उन्होंने साहित्य के विचार में वाणी के अवगुण को वर्ज्य माना है। विरोध, वाक्पटुत्व, प्राणीमात्र से छल, उपहास, मर्मस्पर्शी सम्भाषण, आवेगयुक्त सम्भाषण, निन्दा आदि जो आज कौशल्य माना जाता है, उन्हें ज्ञानदेव ने वाणी के अवगुण कहे हैं।

उन्होंने एक छोटी-सी कसौटी कही है। ऐसी बोली बोली जाये कि एक को उद्देश्य करके कहने पर सबके हित की हो—एका बोलिलें होय, सर्वांहि हित। फिर उसका विवरण करते हुए कहा कि किस तरह बोला जाये? साच आणि मवाळ, मितले आणि रसाळ, शब्द जैसे कल्लोळ, अमृताचे—(वाणी सत्य, मृदु, परिमित और मधुर होनी चाहिए, जैसे कि अमृत के कल्लोल)। उन्होंने अमृत की उपमा दी है। और जैसी उन्होंने उपमा दी है, वैसे ही साहित्य का उन्होंने निर्माण किया है।

आगे उन्होंने कहा—संसार में देना-लेना सुखरूप होने दो। मुख से मंगल शब्द ही निकलने दो। जैसे किसी महामल्ल के सामने कोई बालक मल्ल कुश्ती करने के लिए खड़ा किया जाये, तब वह महामल्ल जिस प्रकार उस बालक से खेलता है, उसके साथ कुश्ती नहीं लड़ता, वैसे ही साहित्यिकों को ज्ञात होना चाहिए कि वे महामल्ल हैं और जो विरोध होता है, वह ऊपर के स्तर पर हो रहा है। उसके बीच हमें क्यों उलझना चाहिए?

हमारे सामने ज्ञानदेव का उदाहरण है। उन्होंने कहा—मेरा जो यह वाक्यज्ञ हो रहा है, उससे विश्वात्मक प्रभु की पूजा होती है और उसके कारण वे प्रसन्न हों। साहित्यिक ऐसे महान् कार्य का दर्शन करें। और अनेक प्रश्नों, झगड़ों, वादों तथा उनके कारण उत्पन्न होनेवाले अनेक मतभेदों की अपेक्षा ऊपर रहकर देखें। फिर सारा संसार आपके हाथ में ही है।

आस्था और अभिव्यक्ति

जितने साहित्यिक और कवि वग़ैरह हैं, उनके सामने यह समस्या होती है कि अपनी अभिव्यक्ति (एक्सप्रेशन) और आस्था (फेथ) में सन्तुलन कैसे रहे। अभिव्यक्ति जिनके लिए होती है, उनको सामने रखकर अभिव्यक्ति कैसे करनी यह सोचना पड़ता है और उस मुताबिक़ अभिव्यक्ति होती है। मेरे सामने गाँव के लोग हों, तो मैं एक प्रकार से बोलूँगा, अगर विद्वान् बैठे

हों, तो मेरी अभिव्यक्ति अलग प्रकार की होगी। यूनिवर्सिटी के विद्यार्थी हों, तो अभिव्यक्ति और अलग होगी। अभिव्यक्ति परिस्थिति पर निर्भर करती है।

जबकि 'फेथ' है सब्जेक्टिव। वह हृदय के अन्दर होता है। शब्द से परे होता है। उसे शब्द की ज़रूरत नहीं होती। शेरनी तो बड़ी भयावह होती है—बड़े-बड़े दाँत, नाख़ून। लेकिन उसके बच्चों को उसका भय नहीं मालूम होता। दूसरे लोग भले शेरनी से डरें। उसके बच्चों के मन में उसके लिए श्रद्धा है, प्रेम है और उसके भी मन में बच्चों के लिए प्रेम होता है। उसके बच्चे सहज प्रेम से उसके पास जाते हैं। वह जो 'फेथ' है मन में, उसके लिए शब्द की ज़रूरत नहीं होती।

मैंने शेरनी का उदाहरण इसलिए दिया है कि शेरनी के पास भाषा नहीं है। हमारे पास 'फेथ' भी है और भाषा भी है। परन्तु 'फेथ' भाषातीत, शब्दातीत होता है। अभिव्यक्ति बाह्य परिस्थिति किस प्रकार है, उसे ध्यान में रखकर होती है। दोनों के बीच अन्तर रहेगा, लेकिन विरोध नहीं रहेगा। विचार-प्रकाशन और मानसिक चिन्तन में विरोध न हो, अन्तर भले हो।

कोई यह नहीं कह सकता कि भावना पूरी-की-पूरी शब्द में आती है। रवीन्द्रनाथ ठाकुर ने इतना सारा लिखा। वे आज की परिस्थिति में होते, तो उनकी अभिव्यक्ति अलग होती। वे जिस परिस्थिति में थे, उसका असर उनके साहित्य पर है। कालिदास उज्जैन में था। दो हज़ार साल पहले जो परिस्थिति थी वहाँ, उसका असर उसकी अभिव्यक्ति पर है। इस प्रकार परिस्थिति, काल और सामाजिक स्थिति पर अभिव्यक्ति निर्भर करती है। दोनों में—'फेथ' और 'एक्सप्रेशन' में विरोध नहीं होगा, अन्तर ज़रूर रहेगा, और वह अन्तर उस दिशा में होगा जिस दिशा में 'फेथ' है।

विज्ञानयुग में साहित्य

धर्म और राजनीति के दिन लद चुके अब चलेगा, विज्ञान एवं आत्मज्ञान

दुनिया में आज तक जो ताक़तें काम करती थीं, उनमें से कई ताक़तें अब क्षीण हो रही हैं, वे ख़त्म होनेवाली हैं, टिकनेवाली नहीं हैं। और कुछ नयी ताक़तें ज़ोर पकड़ रही हैं।

क्षीण होनेवाली ताक़तों में एक ताक़त है धर्मपन्थों की। इन धर्मों ने बहुत बड़ा काम किया है, मनुष्य के अन्त:स्रोत ढूँढ़ने की कोशिश की है, मनुष्य को इकट्ठा करने की कोशिश की है। लेकिन धर्मों ने जहाँ मनुष्यों को इकट्ठा किया, वहीं उन्हें तोड़ा भी है। अब तो वे फिरके, पन्थ बन गये हैं। इसलिए आगे अब उनका उपयोग ख़त्म है।

वैसे ही दूसरी ताक़त है राजनीति की। मानव को जोड़ने का कुछ प्रयत्न राजनीति ने भी किया है। लेकिन जहाँ उसने कुछ लोगों को जोड़ा, वहाँ दूसरों को तोड़ा-फोड़ा भी है। राजनीति ने राष्ट्रवाद के नाम पर जहाँ कुछ लोगों को जोड़ा, वहाँ काफ़ी लोगों को तोड़ा भी। एक देश में भी राजनीति आज एक को दूसरे से अलग करती है, देश के टुकड़े करती है। इसलिए विज्ञान के ज़माने में अब राजनीति टिकनेवाली नहीं है।

इस तरह धर्म और राजनीति, ये दो शक्तियाँ ख़त्म हो चुकी हैं। उनके दिन लद चुके हैं। अब अन्य दो शक्तियाँ काम करनेवाली हैं—एक है विज्ञान और दूसरी अध्यात्म। ये दोनों इसके पहले भी कुछ तो काम करती ही थीं, लेकिन इसके आगे विज्ञान और अध्यात्म ये दो ताक़तें मनुष्य के जीवन

को आकार देनेवाली होंगी, ऐसा मुझे दर्शन हो रहा है।

अब ये धर्म, पन्थ, राजनीति नहीं चलेंगे। आज उनका ज़ोर दीखता है। लेकिन दीपक बुझने के समय जरा बड़ा बनता है और फिर बुझ जाता है, वैसे यह सारी राजनीति, धर्म वग़ैरह ज़ोर कर रहे हैं, बुझने के पहले।

आज ज़माना, विज्ञान का आया है, और विज्ञान ज़ोरदार है। उसके आगे दुनिया में क्या टिकेगा, उसका भान होना चाहिए। जिसको हम राजनीति कहते हैं, वह अब टिकनेवाली नहीं है। जिसको हम धर्म–पन्थ कहते हैं, उसके दिन भी अब नहीं रहे। पुराने ग़लत विचारों पर श्रद्धा, परमेश्वर प्राप्ति के लिए तरह–तरह की पूजा आदि के प्रकार, ढोल बजाकर भगवान को पुकारने का प्रकार, ये सब चीज़ें निकम्मी हैं और अब जानेवाली हैं। केवल अध्यात्म–विद्या टिकनेवाली है और विज्ञान टिकेगा।

अब तो विज्ञान आयेगा, आत्मज्ञान आयेगा। एक है प्राण और दूसरा है ज्ञान। एक है शक्ति और दूसरी है बुद्धि। मोटर में एक यन्त्र होता है दिशा दिखानेवाला, दूसरा होता है गति देनेवाला। एक है मार्गदर्शक और दूसरा है वेगवर्धक। जीवन को इन्हीं दो की ज़रूरत है। विज्ञान से गति मिलेगी। आत्मज्ञान के मार्गदर्शन में विज्ञान काम करेगा। परिणामस्वरूप पृथ्वी पर स्वर्ग आयेगा।

साहित्य को इन दो शक्तियों को जोड़ने का काम करना होगा। यह बहुत बड़ा काम है। पुल बनना होगा। दोनों के बीच खड़े होकर जीवन का योग करना होगा। वह किस शक्ति से होगा? चिन्तन–शक्ति से, प्रतिभाशक्ति से और शब्द–शक्ति से होगा।

इनमें एक है बाह्य शक्ति और दूसरी आन्तरिक शक्ति। इन दोनों को जोड़नेवाली कौन–सी चीज़ हो सकती है? इस पर जब मैं सोचता हूँ तो मुझे तुलसीदासजी का वचन याद आता है—अगर तू भीतर और बाहर, दोनों तरफ़ रोशनी चाहता है, तो जिह्वा पर रामनाम का मणि–दीप रख। इस दोहे के रामनाम का अर्थ मैं साहित्य लेता हूँ। मुझे श्रद्धा है कि अध्यात्म और विज्ञान को जोड़नेवाली कड़ी साहित्य होगी। आज साहित्यिकों के सामने यह बहुत बड़ा कार्य उपस्थित है।

साहित्य दोनों को जोड़ेगा

आज के ज़माने में साहित्यिक का 'फंक्शन' (कार्य) क्या है? साहित्यिक कौन है? उनको क्या करना होगा?

साहित्यिक क्या चीज़ है? इसे समझने की ज़रूरत है। कुछ उपन्यास या नाटक लिख लेने मात्र से साहित्यिक नहीं होता। जो पुराने समाज की बुराई छोड़कर अच्छाई लेता है और उसे नये समाज में नये विचार के रूप में प्रवेश कराता है, वह साहित्यिक होता है।

साहित्यिक वह होगा, जो अच्छे को जोड़ेगा और ख़राब को छोड़ेगा। सार लेगा और निःसार छोड़ेगा। वह दीर्घदृष्टि से देखता है कि क्या जानेवाला है और क्या रहनेवाला है। जानेवाले के साथ अगर वह ज़ोर लगाता है, तो निकम्मा साबित होगा, इसलिए वह सार लेता है। तो, अब विज्ञान और अध्यात्म को जोड़नेवाला साहित्य दुनिया पर प्रभाव डालेगा। साहित्यिकों को अब यह समझना होगा कि उन्हें विज्ञान और अध्यात्म को जोड़ना है।

सर्वांगी जीवन का विश्वकर्मा

साहित्यिक जीवन के सब अंगों को जोड़नेवाला होता है। जीवन के अनेक विभाग होते हैं। राजनीति, समाजशास्त्र, धर्मशास्त्र इत्यादि। शास्त्र के ज्ञाता होते हैं। उस-उस विषय के ज्ञाता और शास्त्रज्ञ होते हैं, लेकिन उन सबको जोड़नेवाला साहित्यिक होता है। वह मूर्ति खड़ी करेगा, अनेक अंगों को जोड़ेगा। यह काम साहित्यिक करता है। जीवन के कुल अंगों को वह स्पर्श करता है। मैं तो कहूँगा कि जो तोड़नेवाला होगा वह साहित्यिक नहीं है। वह जोड़ने का काम करनेवाला 'विश्वकर्मा' है। यह पदवी मैं उनको देना चाहता हूँ।

ज्ञात-अज्ञात दोनों बहुत बढ़ेंगे

विज्ञान के कारण ज्ञान का क्षेत्र विशाल होता जाता है, उसके साथ-साथ अज्ञान का क्षेत्र भी विशाल होता जाता है। ज्ञान बढ़ता है तो उसके साथ अज्ञान भी बढ़ता जाता है। दोनों बढ़ेंगे।

आज रेडियो एस्ट्रॉनॉमी बता रही है कि हमारा सूर्य तो एक मामूली तारा

है। जो सितारे दीख रहे हैं, वे अनन्त सूर्यों के समान प्रचण्ड हैं। उनकी तुलना में सूर्य बिन्दुमात्र है। पहले हम नौ ग्रह जानते थे। आज कहते हैं कि ५० लाख से कम ग्रह नहीं होंगे। पृथ्वी भी एक ग्रह है। खोज होती जायेगी, तो लाखों ग्रह और करोड़ों सितारे दीख पड़ेंगे। इसलिए ज्ञान का क्षेत्र-विस्तार होता जा रहा है तो अज्ञान का क्षेत्र भी बढ़ता जा रहा है।

पहले क्या था? मेरी माँ एक वाक्य बोलती थी—अनन्त कोटि ब्रह्माण्ड-नायक! मेरे अपराधों को क्षमा कर। अनन्त कोटि ब्रह्माण्ड कह देने के बाद क्या रहा? आगे शब्द ही नहीं है। फिर भी वह भोलापन था। ब्रह्माण्ड क्या है, इसकी सही कल्पना नहीं थी। आज ऐसे भी सितारों का पता चला है कि जिनका प्रकाश धरती तक पहुँचने में १० लाख साल से अधिक समय लग सकता है, जबकि प्रकाश एक सेकण्ड में पौने दो लाख मील की गति से चलता है। इतने दूर तक ये सितारे फैले हुए हैं। इस तरह ज्ञान से अज्ञान का क्षेत्र भी विस्तृत होता जा रहा है। पहले ज्ञान व्यापक होने पर भी भोलेपन का था। अब वह गहरा हो रहा है। इसलिए इस युग में कल्पना के लिए पहले से ज़्यादा सम्भावना है, अवसर है।

कल्पना के लिए अपूर्व अवसर

कुछ लोग कहते हैं कि जैसे-जैसे विज्ञान बढ़ेगा, कल्पना-शक्ति के लिए अवकाश कम रहेगा। वे समझते नहीं कि साहित्य के लिए ज़रूरत किसकी है। जैसे-जैसे विज्ञान बढ़ेगा, वैसे-वैसे ज्ञान का क्षेत्र भी बढ़ेगा और उसके साथ अज्ञान का क्षेत्र भी बढ़ेगा। जहाँ ज्ञान और अज्ञान दोनों बढ़ते हैं, वहाँ कल्पना-शक्ति के लिए अपार, विस्तृत क्षेत्र खुल जाता है। विशाल-विशाल-विशाल! दूसरा शब्द ही इस्तेमाल नहीं कर सकते। एस्ट्रॉनॉमी का अभ्यास करते हैं, तो लगता है कि अपनी पृथ्वी क्या है? बिलकुल नाचीज़ है। सूर्य भी एक छोटा-सा बिन्दुमात्र है। और ये सारी तारिकाएँ, नीहारिकाएँ रात को दीख पड़ती हैं, वे अनन्त आसमान के एक कोने में पड़ी हैं—बाक़ी अनन्त आकाश फैला हुआ है। तो यह सारा रूप जितना पहले प्रकट था, उससे अब ज़्यादा प्रकट हो रहा है। उसकी गूढ़ता, गम्भीरता, महत्ता जितनी पहले मालूम नहीं हुई थी, अभी ज्ञात हो रही है। और उसी के साथ-साथ कितना विशाल अज्ञात क्षेत्र हमारे सामने पड़ा है, इसके बारे में भी मनुष्य को अधिक भान हो रहा है।

तो, अब ज्ञात-अज्ञात दोनों मिलकर के साहित्यिकों की कल्पना-शक्ति के लिए बड़ा क्षेत्र खुल रहा है। ज्ञात का विज्ञान से और अज्ञात का आत्मज्ञान से सम्बन्ध है। ज्ञात यानी जिसे व्यक्त कहते हैं। उसमें विज्ञान की खोज होती है। और अज्ञात यानी अव्यक्त में आत्मज्ञान की खोज होती है। और जैसे दो पंखों से पक्षी गगन में विहार करता है, वैसे इन दो पंखों से कवि और साहित्यिकों का विहार होगा और वह ऊँची उड़ान लगायेगा। आगे ऐसे महान् कवि निर्माण होंगे, जिनके सामने वाल्मीकि, व्यासादि सामान्य ही रह जायेंगे।

काव्य घटेगा, यह ख़याल ग़लत

कोई वजह नहीं कि वाल्मीकि जैसा कवि आज क्यों न पैदा हो! कुछ लोग कहते हैं कि विज्ञान के कारण काव्य घटा है, क्योंकि विज्ञान से भ्रमनिरास होता है और साहित्य के लिए कुछ भ्रम की आवश्यकता होती है। यह ख़याल ग़लत है कि विज्ञान जितना बढ़ेगा, उतना रस घटेगा, बल्कि वह तो बढ़ना चाहिए। वाल्मीकि को सृष्टि में जितना रसानुभव होता था, उससे हमें कम नहीं, बल्कि अधिक रसानुभव होता है, क्योंकि जिधर देखो उधर विज्ञान के कारण नयी शक्तियाँ प्रकट हो रही हैं। उससे दुनिया में गूढ़ता और बढ़ी है और ज्ञान भी बढ़ा है। प्राचीनों के लिए दुनिया जितनी अ-प्रकट थी, उससे ज़्यादा अ-प्रकट हमारे लिए है।

जो अज्ञानी होते हैं, उनके सामने दुनिया कुछ प्रकट और कुछ अ-प्रकट होती है। जैसे-जैसे ज्ञान बढ़ता है, उसके साथ-साथ अज्ञान की मात्रा भी बढ़ती है और गूढ़ता भी बढ़ती है। ज्ञान के समान अज्ञान भी एक वैभव है। निद्रा यानी एक क़िस्म का अज्ञान है। अज्ञानी से पूछा जाये कि तुझे क्या-क्या ज्ञान और अज्ञान है, तो वह कहेगा कि चन्द बातों का अज्ञान है। लेकिन ज्ञानी से पूछा जाये, तो मालूम होगा कि उसका ज्ञान और अज्ञान, दोनों ज़्यादा है। ज्ञानी का सिर्फ़ ज्ञान ही नहीं, बल्कि अज्ञान भी बढ़ा हुआ रहता है। दुनिया की गुप्त, गूढ़ चीज़ों का ख़याल या अज्ञान जितना वाल्मीकि को था, उससे ज़्यादा हमें है।

गूढ़ता का ख़याल जितना बढ़ता है, उतना काव्य बढ़ता है। इसलिए इस ज़माने में काव्य घटेगा, यह ख़याल ग़लत है। आज दुनिया ज़्यादा प्रकट

और ज़्यादा अ-प्रकट है। काव्य के लिए केवल प्रकटता की ही नहीं, बल्कि अ-प्रकटता की भी ज़रूरत होती है। केवल अन्धकार नहीं, केवल प्रकाश नहीं, ऐसा बीच का काल काव्य के लिए हमेशा अनुकूल होता है। सन्धिकाल और उषःकाल में काव्य सूझता है। इसलिए हमारे पूर्वजों ने कहा है कि सन्धिकाल और उषःकाल में ध्यान करो, उससे स्फूर्ति मिलेगी। हम अपना अनुभव बताते हैं। हमने अपने जीवन में जो उत्तम-से-उत्तम साहित्य लिखा है, उसकी कल्पना उषःकाल में ही सूझी है।

दान्ते-कालिदास फीके पड़ेंगे

विज्ञान के ज़माने में सत्य की तरफ़ रुचि अधिकाधिक बढ़ रही है और बढ़ेगी। 'फ़िक्शन' में क्या होता है? कहते हैं कि उसमें चन्द्र-प्रकाश की आवश्यकता होती है, सूर्य-प्रकाश की नहीं। सूर्य-प्रकाश में साफ़ दीखेगा, चन्द्र-प्रकाश में अस्पष्ट दीखेगा। चन्द्र-प्रकाश में कभी भूत दीखेगा, कभी गेंडा, कभी एक सींगवाला दीखेगा और होगा पेड़ ही। ऐसा भ्रम होगा, तब काव्य होगा। अँधेरे में, अमावस्या की रात हो, तो काव्य नहीं होगा, क्योंकि कुछ भी नहीं दीखेगा। सूर्य-प्रकाश में सब स्पष्ट दीखेगा, इसलिए उसमें काव्य नहीं होगा। काव्य के लिए भ्रम चाहिए। विज्ञान का ज़माना है, तो भ्रम का क्षेत्र कम होता गया है, इसलिए उत्तरोत्तर काव्यकला कम होगी, ऐसा मानते हैं।

लेकिन मैं उलटा मानता हूँ। मैं मानता हूँ कि इसके आगे विज्ञान के ज़माने में ऐसा साहित्य निकलेगा कि दान्ते और शेक्सपियर, वाल्मीकि और कालिदास फीके पड़ेंगे। ऐसे महान् साहित्यिक होंगे। यह किस आधार से मैं कहता हूँ? इसलिए कि साहित्य के लिए जो चाहिए, वह विज्ञान 'सप्लाय' कर रहा है। विज्ञान के कारण ज्ञान का क्षेत्र भी बढ़ता है और अज्ञान का भी क्षेत्र बढ़ता है। आज अज्ञान कितना है? ख़ूब है। पर मालूम नहीं कितना है। विज्ञान के कारण कितना विशाल अज्ञान है, यह ध्यान में आयेगा। कितना लम्बा-चौड़ा, गहरा और व्यापक अज्ञान है, इसका अनुभव आयेगा। सारांश, काव्य-शक्ति के लिए कुछ ज्ञान-क्षेत्र, कुछ अज्ञान-क्षेत्र, कुछ अँधेरा और कुछ प्रकाश चाहिए। ये दोनों ख़ूब बढ़ेंगे। इसलिए साहित्यकला और काव्यकला ख़ूब बढ़ेगी।

साहित्य और साहित्यिकों से मेरा सम्बन्ध

शब्दों से मेरा सम्बन्ध

पहले मैं बड़ौदा में था। हाईस्कूल–कॉलेज में अध्ययन चल रहा था। तब, तब तक उपलब्ध जितना मराठी साहित्य था उसमें से बहुत–सा मेरे देखने में आ गया था। अर्वाचीन साहित्य भी देख लिया था। १९१६ में मैं घर छोड़कर निकला। उसके बाद जिस जिज्ञासा से गृहत्याग किया था, उस जिज्ञासा के अनुरूप ही चिन्तन, मनन, अध्ययन और जीवन–साधना चली। इसलिए १९१६ के बाद का साहित्य मेरे पढ़ने में नहीं आया। तबसे संस्कृत में जो आध्यात्मिक साहित्य है, मराठी में जो है और भारत की अन्य भाषाएँ सीखा उनमें भी जो अत्युत्तम ग्रन्थ माने गये उनका कुछ परिचय, सेवायोग के आचरण के साथ और ध्यानादि में जीवन बिताते हुए जो अवकाश मिल सका उसमें, हुआ।

मराठी का मैंने बारीक़ी से अध्ययन किया और आगे उसी प्रवाह में संस्कृत का अध्ययन आत्मा के समाधान के लिए हुआ। लेकिन तब भी निरुक्ति और व्युत्पत्ति की मुझे धुन थी। शब्द कैसे बने, उनकी परम्परा कैसे चली, इसे भी विचार का संशोधन करते समय देखना पड़ता है। उसके लिए अनेक भाषाओं के अध्ययन की भी ज़रूरत थी। लेकिन मैंने मुख्यत: जनता के हृदय से सम्बन्ध जुड़े इसलिए भारत की सभी भाषाओं का अध्ययन किया। अलावा प्राचीन अरबी, फ़ारसी, अर्धमागधी, पाली भाषाओं का भी अध्ययन हुआ। पदयात्रा में ही चीनी, जापानी, जर्मन भाषाओं का अध्ययन हुआ। यह सब सीखने में शब्दों से सम्बन्ध आता है। इसलिए शब्दों की शक्ति का जितना भान मुझे है उतना भान साहित्यिकों में मैंने नहीं देखा।

शब्द की मेरी जीवननिष्ठ उपासना

मुझे बचपन में कविता रचने का भी शौक़ था। एक-एक कविता में दो-दो, तीन-तीन दिन लगते थे। कविता गुनगुनाकर देखने से मुझे मालूम हो जाता था कि कविता अब सर्वांग-सुन्दर हुई है। जब मुझे विश्वास हो जाता था कि कविता बहुत अच्छी बनी है, तब मैं वह कविता अग्निनारायण को समर्पित कर देता था। वह यज्ञ की भावना थी। इस तरह मैंने उस समय की सब कविताएँ अग्निनारायण को समर्पित कर दीं। फिर भी मेरे मित्रों ने दो-चार कविताएँ छीन लीं। वे आज भी बची हुई हैं।

उसके बाद जब मैं ब्रह्म की खोज में घर छोड़कर निकल पड़ा, तो काशी में आया। वहाँ गंगा के निकट मेरा कविता लिखने का शौक़ और बढ़ा। उस समय मैं गंगा-तट पर बैठता था। वहाँ के शान्त वातावरण में ध्यान, चिन्तन करके कविता लिखता था और जो अच्छी बन जाती थी, उसे गंगा को अर्पित कर देता था। इस तरह अग्निनारायण गया और गंगा आयी।

शायद आप साहित्यिकों को ऐसा लगे कि इस तरह कविताओं की आहुति देना अनुचित है। भगवान ईसा ने कहा है कि दीपक जलाओगे, तो क्या उसे किसी पात्र के अन्दर ढाँककर रखोगे? उसे तो प्रकट करना चाहिए। उसी तरह साहित्य जब सर्वांग-सुन्दर मालूम हो, तो उसे दुनिया के सामने प्रकट करना चाहिए। कुछ लोगों की दृष्टि ऐसी होती है, परन्तु मेरी दृष्टि भगवान की चीज़ भगवान को अर्पण कर देने की थी। उस आहुति से दुनिया का कोई नुकसान हुआ, ऐसा मुझे कभी नहीं लगा बल्कि उसके कारण मेरे अन्दर एक-एक विचार घनीभूत होता गया।

भाप की शक्ति को लोग पहले नहीं जानते थे, क्योंकि भाप प्रकट होती थी और हवा में चली जाती थी। इसलिए उसकी शक्ति मालूम नहीं होती थी। परन्तु अब एक तरक़ीब हाथ आयी है। भाप को बन्द करके रखना और फिर उसकी शक्ति को प्रकट करना। उसी तरह जो साहित्य की भाप है, उसे पैदा करके अन्दर-ही-अन्दर आत्मा में हम पचाते हैं, तो कुछ खोते नहीं, बल्कि उससे आत्मनिष्ठा बढ़ती ही है।

मेरे मन की भूख है कि विचार को पचाना, पगाना और आत्मसात् करना।

जैसे भाप को बन्द करके रखते हैं तब उसकी शक्ति का पता चलता है, वैसे विचारों की शक्ति भी बन्द करने से प्रकट होती है। विचार को बन्द करना पड़ता है अर्थात् वाङ्मय सिद्धि के लिए मौन की ज़रूरत होती है। रूढ़ उपमा देनी हो तो जैसे उत्तम पुत्ररत्न की प्राप्ति के लिए ब्रह्मचर्य की ज़रूरत होती है उसी तरह उत्तम वाङ्मय-सिद्धि के लिए मौन की ज़रूरत होती है। ऐसा मौन सधे बग़ैर शब्द भी अपना तत्त्व प्रकट नहीं करते।

विचार का प्रकाशन वाणी से हो सकता है, लेकिन वाणी से भी गहरी चीज़ है, जीवन और आचरण। उसके ज़रिये भी विचार का प्रकाशन होता है। वाणी भी अच्छा साधन है, परन्तु उससे सूक्ष्म साधन है, जीवन। उसके ज़रिये वह प्रकट होता है।

गोमुख की गुहा में हमारी पहुँच नहीं

मुझे मराठी में गीता का कविता में अनुवाद करने की प्रेरणा हुई। उसे मैंने नाम दिया 'गीताई' यानी गीता माँ, गीतामाता। अब वह चीज़ महाराष्ट्र में घर-घर पहुँच गयी है। उस पुस्तक का बहुत आदर होता है। जब मैं सोचता हूँ कि इसका इतना आदर क्यों होता है, तो मुझे यही उत्तर मिलता है कि उसके पहले मैंने जो कुछ चिन्तन-मनन किया था और लिखकर अग्निनारायण और गंगा को समर्पित किया था, उसी का यह प्रसाद है। वह मेरे द्वारा नहीं लिखा गया है। मैं उसे कोई साहित्यिक कृति नहीं मानता हूँ, उसमें धर्मचिन्तन है।

साहित्यिक जब लिखने बैठते हैं, तो उन्हें ऐसा भान नहीं होता कि उन्होंने जो लिखा है, उससे उन्होंने संसार पर उपकार किया है। यदि ऐसा भान हो जाये, तो वह साहित्य नहीं होगा। साहित्य तो वही है, जो आत्मा के सहित, आत्मा के साथ चलता है। सहित यानी साथ चलनेवाला साथी। इसलिए जब वह अन्दर की गहराई से बाहर आता है, तब सारे संसार को पावन करता है। वह किस गुहा से निकलता है, किसी को मालूम नहीं है। उस गुहा में दुनिया की पहुँच नहीं है। गंगा जब बाहर आती है, तब लोग उसे पहचानते हैं और गंगावगाहन करते हैं, परन्तु वह किस गुहा से निकलती है, उसे कोई नहीं जानता।

उनके सामने सिर झुकता है

मैं साहित्यिक नहीं हूँ। साहित्य की उपासना करनेवाला साहित्यिक कहलाता है। मैं तो साहित्यिकों की उपासना करनेवाला व्यक्ति हूँ। यद्यपि मैं विश्वसाहित्य का अध्ययन करनेवाला रहा हूँ, तो भी मेरी गिनती मैं साहित्यिकों में नहीं कर सकता। मैं एक सेवक हूँ, साधक हूँ और शोधक भी हूँ। साहित्यिक इन तीनों से भिन्न भी हो सकता है, तीनों में से भी हो सकता है।

मेरा जीवन तीव्र कर्मयोग में बीता है। कर्मरत रहा है, फिर भी साहित्य की उपेक्षा करने की मेरी वृत्ति नहीं थी और पन्द्रह–बीस भाषाओं का उत्तम साहित्य देखने का अवसर मुझे मिला है। इसलिए साहित्यिकों को ख़ुद भी जितनी क़द्र नहीं होगी, उससे ज़्यादा क़द्र उनकी मुझे है। वे अपनी बहुत ज़्यादा क़द्र नहीं करते। जो कला या शक्ति भगवान ने उन्हें दी है, वह उन्हें प्राप्त ही है, इसलिए उसकी वे क़द्र नहीं करते और जो वस्तु प्राप्त नहीं है, उसकी क़द्र इनसान करता रहता है। साहित्यिक स्वयं अपनी शक्ति को उतना नहीं जानते। रस–ग्रहण करनेवाला उसकी अधिक क़ीमत समझता हो, यह सम्भव है।

साहित्य और साहित्यिकों के बारे में मुझे आदर है और वह असामान्य है। अनेक महान् व्यक्तियों से मेरा सम्बन्ध आया। उनसे बातें करने में मुझे संकोच नहीं होता था, लेकिन साहित्यिकों से बात करने में थोड़ा संकोच होता है। इस पर से ध्यान में आयेगा कि साहित्यिकों के बारे में मुझे विशेष तरह का आदर है।

सिर झुकाने के जितने अधिक स्थान मिलते हैं, मनुष्य का विकास उतना ही शीघ्र होता है। मेरे लिए साहित्यिकों का एक ऐसा स्थान है, जहाँ स्वभाव से ही मैं नम्र हो जाता हूँ।

कृपादृष्टि की चाह है

साहित्यिकों की वाणी से भी उनका जो चिन्तन है, संकल्प है, वह ज़्यादा क़ीमती है। वह अगर अनुकूल हो गया, तो बाक़ी किसी चीज़ की ज़रूरत ही नहीं है। साहित्यिक प्रसन्न हो गया, तब तो नसीब खुल गया। लेकिन अगर वह 'वक्रतुंड' होकर बैठ जाये, तो मुश्किल होगी।

किसी भी काम के आरम्भ में गजानन को प्रसन्न करना चाहिए। वह गजानन अनेक नामों से वेद में आता है। माना जाता है कि वह साहित्य का देवता है। वह है वक्रतुंड। साहित्यिकों को राजी करना, प्रसन्न करना, अगर किसी को सध गया और वक्रतुंड को प्रसन्नमुख बना दिया, तो अपना काम बन गया।

मैं साहित्यिकों की हमेशा क़द्र करता हूँ और इच्छा रहती है कि उनकी कृपादृष्टि रहे और वे वक्रतुंड न बनें, इसकी अभिलाषा मन में रहती है। जो साहित्यिक की शक्ति की क़द्र नहीं करेगा वह मूरख ही होगा।

लोकजीवन पर उनकी सत्ता

जो सर्वोदय समाज हमारे मन में है, उसमें साहित्यिकों, कवियों की बहुत क़द्र है। बल्कि नैतिक सत्ता इन्हीं लोगों के हाथ में होगी। सर्वोदयसमाज में जिसे सत्ता कहते हैं वह नहीं होगी, परन्तु नैतिक अधिकार होगा। वह ऐसे ही लोगों के हाथ में होगा, जो दूर का देख सकते हों। हमारे यहाँ कवि शब्द की व्याख्या 'क्रान्तदर्शी' के रूप में की है, यानी जो दूर का देखता हो। दूर यानी भविष्य ही नहीं, अन्तर में भी—जो अन्तर में भी पैठ सकता हो और दूर काल में भी पैठ सकता हो। ऐसे क्रान्तदर्शी को हम कवि कहते हैं।

हमारी संस्कृति ने साहित्यिकों और कवियों को ऊँचा स्थान दिया है। यहाँ पर जिनकी धार्मिक सत्ता चली, वे सब बहुत बड़े कवि थे। आज तक हज़ारों वर्षों से वाल्मीकि, व्यास, शुक की जितनी सत्ता चली, उतनी और किसी की सत्ता नहीं चली। और उनकी यह सत्ता केवल धर्म तक ही सीमित नहीं रही, ऐहिक-पारलौकिक और पारमार्थिक जीवन पर भी रही है। यानी कुल जीवन पर उनकी सत्ता है।

पश्चिम में कवि, साहित्यिक कम नहीं हुए। परन्तु लोकजीवन पर उनकी सत्ता नहीं चली, जैसी भारत में चली। शेक्सपियर महाकवि हो गया। समाज-जीवन पर उसका कुछ-न-कुछ असर हुआ। और साहित्य पर तो हुआ ही। पर लोकजीवन पर वाल्मीकि का जो असर हुआ, वह शेक्सपियर का नहीं हुआ। होमर ने 'ओडिसी' नाम का एक बड़ा काव्य लिखा है। महाभारत की तुलना में तो वह छोटा ही है। 'ओडिसी' की सत्ता ग्रीस-

यूरोप पर वैसी नहीं रही, जैसी कि व्यास की आज यहाँ चलती है। इसलिए हम कहना चाहते हैं कि हमारी संस्कृति में साहित्यिकों, कवियों की बहुत इज़्ज़त है।

समाज के लिए मातृस्थान

एक भाई ने मुझे कहा था कि 'इन दिनों हम साहित्यिकों की इज़्ज़त बहुत थोड़े लोग करते हैं। नेता अपनी धुन में रहते हैं। धार्मिक कहलानेवाले पुरुष भी अपने आचार-धर्मों में फँसे रहते हैं। शायद अपने को कुछ ऊँचा भी मानते हैं। फिर जो व्यवहार-कुशल माने जाते हैं, उनके पास तो हमारा कोई हिसाब ही नहीं है। वे हमारी कोई परवाह ही नहीं करते।'

मैंने उनसे पूछा कि क्या आप लोगों की परवाह करते हैं? अगर आप सबकी परवाह करते हैं तो आपके लिए काफ़ी है। क्योंकि आप मातृस्थान में हैं और बाक़ी सब बच्चे हैं।

मेरा मानना है कि साहित्यिकों की कोई परवाह नहीं करता, ऐसा ख़याल साहित्यिकों को नहीं करना चाहिए। लोग परवाह करें या न करें, साहित्यिकों को सबकी परवाह करनी चाहिए और सबकी तरफ़ वात्सल्यभाव से देखना चाहिए।

साहित्य के लिए कुछ परहेज़

प्रसंगोचित हो, प्रसंग-नियन्त्रित कभी नहीं

मैं यह कभी नहीं चाहता कि साहित्यिक अमुक चीज़ ही लिखें। मैं तो यही अपेक्षा करता हूँ कि साहित्यिक जो कुछ लिखता है, उससे हरएक को यह मालूम पड़े कि वह मेरे लिए ही लिखा गया है। तभी वह उत्तम साहित्य माना जायेगा। अगर विशिष्ट लोगों को यह लगे कि मेरे लिए ही लिखा है, तो वह साहित्य गौण माना जायेगा। कहना होगा कि उसमें साहित्य की आत्मा ही नहीं रही। सूर्यनारायण उगने पर हरएक को लगता है कि वह मेरे लिए ही उगा है, पक्षियों को लगता है कि हमारे लिए ही उगा। मानवों को लगता है कि हमारे लिए ही उगा, गाय चरानेवालों को लगता है कि गौओं को जंगल में ले जाने की प्रेरणा देने के लिए ही उगा। इस तरह उत्तम साहित्य अनेकविध प्रेरणा देनेवाला हुआ करता है, यानी अमुक ही प्रेरणा वह दे, ऐसा कहा नहीं जा सकता।

समाज में कुछ लेखन विशिष्ट हेतु से भी हुआ करता है। बालविवाह का निषेध करने या स्त्री-शिक्षा की दृष्टि से ही कुछ नाटक लिखे जाते हैं। उनकी भी समाज को आवश्यकता है। मैं उनका निषेध नहीं करता। लेकिन साहित्य किसलिए लिखा गया है, यह जानना कठिन हो जाये, विविध मनोवृत्तियों को लक्ष्य कर बौद्धिक भोजन इतना सुन्दर और तरह-तरह का मिले, जो सबको मालूम पड़े कि मेरे लिए ही है। ऐसा साहित्य ही उत्तम माना जायेगा।

लेकिन जो दीर्घकाल तक उपयोग में आनेवाला साहित्य होता है, उसे भी वास्तविकता या यथार्थवादिता प्राप्त होने के लिए कोई घटना अपेक्षित

हुआ करती है। आप सोच सकते हैं कि अर्जुन पर जो बीती, वह अगर न बीतती, तो क्या भगवद्गीता का निर्माण हो पाता? क्या कोई ऋषि गुफा में बैठकर यह लिखता और यह कल्पना कर सकता था कि यह मैं कृष्णार्जुन-संवाद लिख रहा हूँ? लेकिन गीता में जो कृष्णार्जुन-संवाद है, वह उस समाज या उस युग के लिए ही नहीं है, बल्कि सर्वदा काम आने वाला है। फिर भी उसकी पृष्ठभूमि में एक सत्य घटना थी ही।

इसलिए साहित्य प्रसंगोचित होना चाहिए, लेकिन प्रसंग-नियन्त्रित कभी न हो। कारण, वैसे साहित्य से तो अत्यन्त ही अल्प दर्शन होगा। साहित्य प्रसंगोचित रहे, किन्तु उसमें से ऐसा भाव निकले, जो केवल उसी प्रसंग में लागू न होकर और प्रसंगों में भी लागू हो।

फिर भी मैं साहित्यिकों से यह कभी नहीं कहूँगा कि आप अमुक ही लिखिए। ज्ञानदेव ने कर्म के विषय में बतलाते हुए कहा है कि जो-जो उचित और अवसर प्राप्त कर्म हैं, उसे निष्कामभाव से करते रहें। ज्ञानदेव ने कर्म के बारे में जो कहा, वही साहित्य-निर्माण में भी लागू होता है। कारण, साहित्य-निर्माण भी कर्मयोग का ही एक अंश है। साहित्य कैसा लिखा जाये? जो अवसर-प्राप्त, उचित और हेतुरहित हो। साहित्य-निर्माण करते समय अगर साहित्यिक के हृदय में यह भाव हो कि इससे अमुक प्रकार का परिणाम हो, तो उसमें स्वाभाविकता न रहकर कृत्रिमता आ जायेगी। मुझे लगता है कि औचित्य, अवसर-प्राप्त और हेतुरहित—इन तीनों बातों को साधकर आत्मस्फूर्ति के अनुसार साहित्यिक की लेखनी से जो कुछ भी लिखा जायेगा, वह समाज के लिए मधुर होगा।

'मेड टु ऑर्डर' नहीं हो सकता

जो सच्चे साहित्यिक होते हैं, वे किसी की आज्ञा नहीं उठा सकते। जो विचार उनको न जँचे, वह आज्ञा के तौर पर वे कभी उठा नहीं सकते। पर इन दिनों साहित्यिकों और वैज्ञानिकों के नाम पर कई शख़्स समाज में 'टु ऑर्डर' (आज्ञा मुताबिक़) काम करते हैं। वैज्ञानिक कह रहे हैं कि आज खोज ठीक नहीं हो रही है, क्योंकि हम बँधे हुए हैं। हमें आज्ञा होती है। कि इस प्रकार की खोज करो, इसलिए वैसी खोज करते हैं। जब तक वैज्ञानिक अपनी बुद्धि को बेचना बन्द नहीं करेंगे, साहित्यिकों के नाम से

जो लोग आज दुनिया में लोगों के सामने पेश हैं, वे अपनी वाणी को बेचना बन्द नहीं करेंगे, तब तक दुनिया विकास नहीं कर सकेगी। झूठे और नक़ली वैज्ञानिकों ने अपनी बुद्धि और साहित्यिकों ने अपनी वाणी बेचकर सारी दुनिया को ख़तरे में डाल रखा है।

साहित्य का शास्त्र नहीं बन सकता

अपने हिन्दुस्तान में एक पुराना साहित्य-शास्त्र बना है और पश्चिम में अभी बन रहा है। पर हमारी यह धारणा है कि व्याकरण का शास्त्र बन सकता है, गणित का भी उत्तम शास्त्र बन सकता है, लेकिन साहित्य का शास्त्र यह चीज़ ही ग़लत है। साहित्यिक को जो सूझता है, वह शास्त्र है। किसी की माँ की मृत्यु पर दुख प्रदर्शन करने का शास्त्र नहीं हो सकता। उसको जो सूझता है, वही दुख प्रदर्शन का तरीक़ा है। कालिदास ने शोक का वर्णन किया है। लेकिन जिसको शोक होता है, उसे वह अपने ढंग से प्रदर्शित करता है। वह कालिदास के शोक के वर्णन से कम नहीं होगा। गधे का गाना स्वाभाविक है और कोयल का गाना भी स्वाभाविक है। वैसे कवि का लिखना भी स्वाभाविक है। गधे का गाना चाहे लोगों को पसन्द हो या न हो, गधा नहीं पूछेगा कि आपको अच्छा लगता है कि नहीं। उसको स्फूर्ति होती है इसलिए वह गाता है। यही न्याय कवि को भी लागू होता है। इसलिए कवि शास्त्र-चर्चा में नहीं पड़ेगा।

साहित्यिक को बाँधा नहीं जा सकता

साहित्यिक का शब्द अनुभवशील और अनाक्रमणशील होना चाहिए। किसी को भी पता नहीं चलना चाहिए कि वह क्या कह रहा है। उसका बोध दुनिया तक सूक्ष्मरूपेण पहुँचेगा और उसका हृदय पर असर होगा। वह असर कैसे होगा? कोई कहेगा कि इसका अर्थ इस तरह है, कोई कहेगा इसका अर्थ उस तरह है। अलग-अलग अर्थ होंगे।

हम महाभारत पढ़ते हैं, तो पता नहीं चलता कि मुख्य पात्र कौन है? मुख्य पात्र कृष्ण है कि भीष्म है, दुर्योधन है कि अर्जुन है, युधिष्ठिर है कि कर्ण है, द्रौपदी है कि गांधारी है, कुछ कह नहीं सकते। कितने पात्र ध्यान खींचते हैं। कितने आकर्षक पात्र खड़े कर दिये हैं। किसी दूसरे उपन्यास

में ऐसा नहीं होता। रामायण में भी दूसरे पात्र अवश्य हैं जो चित्त को खींचते हैं। लेकिन उसमें राम ही मुख्य पात्र है, इसमें शक नहीं होता। महाभारत में जो कला है, वह रामायण में नहीं। महाभारत कृष्णायन नहीं, न पाण्डवायन है। वह अपना है सो है, और उसका हरएक के चित्त पर असर होता है। उत्तम साहित्यिक और कवि सामनेवाले के चित्त पर असर करेगा, और असर डालते हुए गुण-वृद्धि करेगा।

मैंने सुना कि आप भूदान के लिए कुछ उपन्यास लिख रहे हैं। सुनकर मैंने कहा कि अगर यह होगा, तो साहित्य ख़त्म है। अपनी अनुभूति से, जीवन की अनुभूति से लिखे और ऐसी कुशलता से लिखे कि बाबा को भी पता न लगे कि यह भूदान के लिए लिखा गया है। जो साहित्य भूदान के लिए लिखा जायेगा, वह भूदान के लिए तो होगा ही लेकिन दूसरे के और काम के लिए भी काम आयेगा, ऐसा होना चाहिए।

साहित्य 'मेड टु ऑर्डर' की तरह तैयार नहीं हो सकता। अभी (१९६३) चीन का आक्रमण हो रहा है, तो उसके ख़िलाफ़ ऐसा साहित्य तैयार हो, जिसे पढ़कर हर भाई-बहन को ऐसी इच्छा हो जाये कि हम हाथ में बन्दूक लेकर देश की रक्षा के लिए निकल पड़े। साहित्यिक इस तरह नहीं करेगा। साहित्यिक का लक्षण यह है कि वह अव्यक्तरूपेण बोध देगा और ऐसी भावना पैदा करेगा कि उससे चीन का मसला हल होगा, लेकिन उससे दूसरे मसले भी हल होंगे। लेकिन परिस्थिति की तत्काल माँग है, इसलिए लिखने बैठो, तो मुझसे नहीं लिखा जायेगा, ऐसा ही साहित्यिक कहेगा। उस उद्देश्य के लिए ही लिखे, यह नहीं हो सकता। ऐसी दृष्टि लेकर विचार को बाँधने की कोशिश नहीं हो सकती। साहित्यिक बाँधा नहीं जा सकता।

साध्य-साधन की बात अभी अनिर्णित

मैं साहित्यिकों को बिलकुल स्वतन्त्र मानता हूँ और उनके लिए किसी प्रकार की कोई मर्यादा नहीं मानता।

गाँधीवादी साहित्यिकों का एक संघटन खड़ा करने की दरखास्त थी, उसमें साध्य-साधन की एकता मान्य करने की माँग की है। मैं नहीं मानता कि साहित्यिक उसे कबूल करेगा। वह चीज़ तो अच्छी है, परन्तु साहित्यिक कहेगा कि मैं अपनी स्वतन्त्र चीज़ चाहूँगा। यह विचार तो अभी चर्चा के

लिए खुला है।

मैंने कई दफ़ा कहा है कि जैसे विज्ञान में यह बात तय हुई है कि ९० अंश के कोण में दीवार खड़ी करनी चाहिए, वैसे अभी तक धर्म के बारे में कोई निश्चय हुआ दीखता नहीं। ऐसा कोई भी उसूल अब तक नहीं बना है, जो सर्वमान्य हो, जिसे सब लोग कबूल करते हों। क्या हर हालत में सत्य को मानना ही चाहिए? इस बात को समाज ने कबूल किया है? न वकील उसे मानते हैं, न व्यापारी। राजनीतिज्ञ तो उसे मानते ही नहीं हैं। इसलिए सत्य अच्छा है, परन्तु विशेष मौक़े पर असत्य का प्रयोग करने की छूट होनी चाहिए, सत्य से कोई अपने को जकड़ ले, तो उसमें बाधा आती है, इस प्रकार का विचार आज दुनिया में चलता है। कोई नहीं कबूल करता है कि खालिस सत्य को मानना चाहिए।

इस हालत में साहित्यिक भी उसे नहीं मानेगा। वह कहेगा कि साध्य-साधन के विषय में अभी समाज ने निश्चितरूप से कुछ तय नहीं किया है। इसलिए वह विषय चर्चा के लिए खुला है। मेरा मानना है कि ऐसे संघटन के बजाय जिनकी साध्य-साधन की एकता पर श्रद्धा है, वे अपनी आध्यात्मिक जमात बनायें और फिर अपना साहित्य प्रकट करें।

मेरा तो मानना है कि जिनमें आध्यात्मिक श्रद्धा होगी, उनके अलावा और कोई भी साहित्यिक इस विचार को मानने के लिए तैयार नहीं होगा। अगर वह अपने धन्धे के लायक है, तो वह कहेगा कि अभी तक समाज में इस बारे में निश्चय नहीं हुआ है, इसलिए मैं भी इस बारे में चर्चा करने के लिए खुला हूँ।

कुछ दिन पहले ईसाई चर्चवालों के साथ चर्चा करते हुए मैंने उनसे कहा था कि 'सरमन आन दि माउण्ट' आदि के साथ आपकी सेना आदि चीज़ें कैसे चलेंगी? तो उनमें से एक धर्माचार्य ने कहा कि ईसा ने उसमें जो बात कही है, वह 'काउंसेल ऑफ़ परफेक्शन' है। यानी समाज जब परफेक्ट (परिपूर्ण) होगा, तब उसको वह चीज़ लागू होगी। आज समाज परफेक्ट नहीं है।

मैंने चर्चवालों से कहा कि आपकी इस तरह की 'काउंसेल ऑफ़ परफेक्शन' की बात तो कम्युनिस्ट भी मानेंगे। जब समाज परफेक्ट होगा, तब वह बात लागू होती है, इसको मानने में उन्हें भी कोई आपत्ति नहीं होगी। फिर

आपकी और कम्युनिस्टों की 'आस्था' में क्या फ़र्क़ रहा? मेरे इस सवाल का उन्होंने कुछ गोलमोल ही जवाब दिया!

इसलिए मैं तो मानता हूँ कि हमसे बिलकुल उलटी धारा के, परन्तु स्पष्ट विचार के जो लोग हैं, वे मेरे लिए अधिक निकट हैं, बनिस्बत उन लोगों के, जिनका विचार अस्पष्ट (हेजी) है। जो स्पष्ट विचारवाले हैं, उन्हें मैं कभी-न-कभी बदल सकता हूँ या वे भी मुझे बदल सकते हैं। बाक़ी, साध्य-साधन की एकता हो, यह बोलने की आजकल फैशन ही हो गयी है। दरअसल साध्य-साधन एकता की जो बात है, वह एक गहरी चीज़ है।

आज तो सभी कहेंगे कि यद्यपि व्यक्तिगत स्तर पर हिंसा उचित नहीं है, फिर भी स्टेट लेवल पर हिंसा उचित है। आज समाज की यही राय है। और साहित्यिकों की भी यह भूमिका नहीं है कि हर हालत में सत्य, अहिंसा आदि को मानना ही चाहिए।

मेरा मानना है कि साहित्य के विषय में क़ैदें नहीं होनी चाहिए। साध्य-साधन एकता को मानना, यह भी एक क़ैद है।

मैं साहित्यिकों के सामने इसी प्रकार से विचार रखूँगा कि क्या धर्म-सिद्धान्त, जीवन-सिद्धान्त और व्यक्ति के लिए उचित सिद्धान्त के तौर पर हम साध्य-साधन की एकता को मानते हैं? इस पर हम सोचें।

आख़िर में विचार तो वही टिकेगा, जो बिलकुल शुद्ध होगा। जब सही विचार दुनिया के सामने आयेगा, तो उसके ख़िलाफ़ खड़ा किया हुआ सारा ख़त्म होगा इसलिए हम सही विचार दुनिया के सामने रखें। वास्तव में, दुनिया में साधनशुद्धि की बात फैले, इसकी कोशिश करनी चाहिए।

पब्लिसिटी—प्रोपेगंडा नहीं, प्रकाश

साहित्यिकों से मैं अपने विचारों का 'प्रकाश' चाहता हूँ। यह बिलकुल स्वतन्त्र शब्द है, हमारे हिन्दुस्तान का ख़ास शब्द है। इसी पर से विचार का 'प्रकाशन' करना कहते हैं।

अँग्रेज़ी में एक शब्द है 'प्रोपेगंडा', जो बिलकुल ऊपर-ऊपर की चीज़ है। इसी तरह का दूसरा शब्द है 'पब्लिसिटी'। लेकिन मैं न तो प्रोपेगंडा चाहता हूँ और न पब्लिसिटी ही। मैं 'प्रकाश' चाहता हूँ।

मैं यह नहीं चाहता कि लोगों के सामने हमारे काम की बढ़ा-चढ़ाकर तारीफ़ की जाये। मैं यह भी नहीं चाहता कि हमारे काम की हर छोटी-बड़ी चीज़ बार-बार सर्वत्र बतलायी जाये। लेकिन इस कार्य के पीछे जो विचार हैं, जो बहुत ही मज़बूत, गहरे और व्यापक हैं, उनका प्रकाशन अपने व्यवहार और प्रयोगों से हम बढ़ायें, शुद्ध विचार लोगों को समझायें।

इस वक़्त हमें अधिक-से-अधिक मज़बूत, गहरे और व्यापक विचार उपलब्ध हुए हैं। हमारे बाद जो लोग आयेंगे, उन्हें इससे भी अधिक मज़बूत, गहरे और व्यापक विचार उपलब्ध हो सकेंगे। फिर भी हमें जो विचार उपलब्ध हुए हैं, ये विश्वव्यापक विचार हैं, आत्मा की गहराई में जानेवाले विचार हैं। आज तक दार्शनिक और सन्त जितनी गहराई तक गये, उससे अधिक गहराई में हमें उतरना होगा। तभी हमें सर्वोदय-विचार का यथार्थ दर्शन होगा।

साहित्यिकों से मैं इन विचारों का 'प्रकाश' चाहता हूँ।

कुछ व्यावहारिक बातें

कुछ व्यावहारिक बातें

बाज़ार में नहीं बिकना है

साहित्यिक इधर-उधर नौकरी ढूँढ़ते हैं! साहित्यिकों की शक्ति असीम है, लेकिन वह बाज़ार में नहीं जा सकती। वह बाज़ार को तोड़नेवाली होगी। साहित्यिकों का काम है कि वे आज के बाज़ार को ख़त्म करें। मेरे सामने यह बड़ी समस्या है, और वह साहित्यिकों के सामने भी हो कि सेवा का मूल्य पैसे में कैसे हो सकता है?

हमारे प्रधानमन्त्री बहुत उत्तम सेवा करते हैं। वैसे ही वह रेलवे पर हरी और लाल झण्डी दिखानेवाला। उसने पुल टूटा होने पर भी लाल झण्डी नहीं दिखायी होती, तो उस ग़फ़लत से सारे-के-सारे लोग मर गये होते। अब बताइये कि किसका काम महत्त्व का है?

उस हालत में हम जो दाम तय करते हैं, सेवा के दाम—यह सेवा इतनी क़ीमतवाली, यह सेवा उतनी क़ीमतवाली—यह ग़लत होगा। सेवा के दाम कैसे करते हैं, यह मेरी समझ में नहीं आता! सेवा होती है नैतिक और दाम होते हैं भौतिक। सेवा का मूल्य पैसे में कैसे किया जाये? एक सेर के तोले कितने होते हैं, यह तो मैं बता सकता हूँ, लेकिन एक मील के कितने तोले होते हैं, यह मैं नहीं बता सकता। इस तरह सेवा का दाम कैसे आँका जाये?

तो, आगामी ज़माने में साहित्यिकों का कार्य यह होगा कि वे दिखा दें कि साहित्य की क़ीमत पैसे में नहीं हो सकती। साहित्यिकों की शक्ति बाज़ार को तोड़नेवाली होगी।

लक्ष्मीवान के दास नहीं बनना

आजकल ऐसे साहित्यिक होते हैं कि किसी 'पेपर' (अख़बार) का 'एडिटर' (सम्पादक) बनते हैं, तनख्वाह लेते हैं और फिर उनकी 'पालिसी (नीति) के मुताबिक़ लिखते रहते हैं। उनको पूछता कौन है? उनकी हस्ती ही नहीं है। हिन्दुस्तान में प्रिंटिंग प्रेस आने के बाद हिन्दी में ऐसी कौन-सी किताब है जो तुलसीरामायण की बराबरी में पढ़ी जाती है?

दूसरा मज़ा यह है कि जो विद्या के प्रेमी कहलाते हैं, वे लक्ष्मी के पीछे होते हैं। अगर वे सरस्वती की अनन्य भक्ति करते हैं और लक्ष्मी की ओर देखते नहीं, तो काम सिद्ध होगा। लेकिन देखते हैं, इसलिए लक्ष्मीवान उनको ख़रीद लेते हैं।

राज्याश्रय नहीं चाहिए

अभी दिल्ली में 'साहित्य अकादेमी' बनायी गयी। क्या हमारे भारत के साहित्य में 'अकादेमी' के लिए कोई शब्द ही नहीं मिला? यहाँ पर दस-बारह भाषाएँ हैं और वे कई हज़ार वर्षों से विकसित हुई हैं। जब उन भाषाओं में उस काम के लिए कोई शब्द ही नहीं मिला, तो वह कार्य क्या चलेगा? विज्ञान की बात दूसरी है। विज्ञान के शब्द चाहे हमारी भाषाओं में न मिलें, परन्तु साहित्य के लिए समुचित शब्द नहीं मिलते हैं, तो वह चीज़ ही मुझे खटकती है। फिर मैंने सोचा कि ख़ैर, नाम कोई हो, पर काम ठीक हो, तो ठीक होगा। लेकिन काम भी क्या होता है? साहित्यिकों को इनाम दिया जाता है। जरा सोचिए कि दुनिया में इनाम से कोई चीज़ बनती है? तुलसीदासजी और कबीर को क्या इनाम मिला था?

साहित्य कुछ विचित्र स्वभाववाली वस्तु है। उसको पोषण देते हैं, तो सूख जाता है, और पोषण नहीं देते हैं, तो भी सूख जाता है। बीच की जो हालत है, जिसमें पोषण दिया भी जाता है और नहीं भी दिया जाता, ऐसी हालत में ही वह ज़िन्दा रहेगा।

हम मानते हैं कि जिसे हम सरकार या राजदरबार कहते हैं, उसने जिनको पोषण दिया, उनसे जो भी उत्तम-से-उत्तम साहित्य मिला है, वह भी दूसरे दर्जे का है। वाल्मीकि या तुलसीदासजी दरबारी कवि नहीं हो सकते थे। दरबारी कवियों का उत्तम नमूना है, कालिदास। लेकिन कालिदास एक

छोटा-सा उद्यान है। अच्छा बनाया हुआ, सुन्दर, परन्तु उद्यान है। और वाल्मीकि तो जंगल है। वन और उपवन में जो फ़र्क़ होता है, वह उन दोनों में था। फिर भी कालिदास स्वतन्त्र वृत्ति का कवि था।

कबीर बुनकर न होते, तो कबीर न बनते। उस ज़माने में छापाख़ाना नहीं था। लेकिन उसके बिना ही उनके काव्य का प्रचार हुआ, क्योंकि वे जनता के उद्योग के साथ एकरूप थे, इसलिए जनता के सुख-दुख को वे समझते थे। जनता के हृदय के साथ भी वे एकरूप थे। इसलिए मैं मानता हूँ कि साहित्यिक या तो किसान हो सकता है या कोई उद्योग कर सकता है या फ़क़ीर भी हो सकता है, जो कि केवल जनता पर निर्भर रहे। ऐसे फ़क़ीरों को तो खाना मिले, तो भी स्फूर्ति होती है, खाना न मिले, तो भी स्फूर्ति होती है। खाना न मिलने पर जो दुख या करुणा हृदय में पैदा होती है, वह भी काव्य की प्रेरक बनती है।

इस तरह साहित्यिक को पूर्ण विरक्त या सृष्टि का उपासक भक्त, इन दोनों में से एक बनना चाहिए। जो बीच के लोग हैं, यानी जो पूर्ण विरक्त भी नहीं हैं और सृष्टि के उपासक भी नहीं हैं, उनको कुछ आश्रय चाहिए। लेकिन ऐसा आश्रय चाहिए, जिससे कि उन्हें स्फूर्ति के लिए अवकाश मिले।

कवि को ज़्यादा पोषण न हो और कम भी न हो। उसे कृत्रिम पोषण नहीं मिलना चाहिए। जैसे माँ का दूध बच्चे को सहज ही मिल जाता है, वैसा पोषण कवि को मिले। इसलिए कवि को पराश्रित नहीं होना चाहिए। इससे वह सूखेगा। उसको उतना ही मिलना चाहिए, जिससे उसका शरीर, मन और प्राण कायम रहें।

तो भारत के लिए यह कोई नयी कल्पना नहीं है। साहित्यिकों को आधार देने की बात पुराने काल से भारत में चली आयी है। अनेक राजाओं द्वारा साहित्य की क़दर हुई है और मदद भी मिली है। पर भारत के साहित्यिकों ने उस मदद की बहुत ज़्यादा परवाह नहीं की है।

तेलुगु भक्त कवि पोतना का क़िस्सा है। आन्ध्र में पोतना का भागवत घर-घर चलता है। वह एक किसान था। खेती करते-करते भागवत-कथा तेलुगु में लिखी। उनके किसी मित्र ने कहा, यह ग्रन्थ राजा को समर्पण किया जाये, तो प्रचार भी होगा और मदद भी मिलेगी। वह दरिद्र किसान

था। उसने इसे कबूल नहीं किया। कहा, मैंने भगवान की कथा गायी है, क्या वह मनुष्य को समर्पण करूँ? और ऐसे मनुष्य को, जो दुनिया पर सत्ता चलाता है? और इस आशा से कि कुछ मदद मिले? सरस्वती को पश्चात्ताप होगा कि वह मेरी जिह्वा में आकर बसी। इस तरह वह दरिद्र ही बना रहा, राजा की मदद की उसने परवाह नहीं की। राजा ने यह सुना, तो वह नाराज़ भी हुआ।

इस प्रकार कई महापुरुषों की कहानियाँ सुनायी जा सकती हैं। सारे साहित्यिक और सारे कवि किस आधार पर रहते हैं? जिस आधार से हरएक का श्वास-उच्छ्वास चलता है, उससे बढ़कर कौन-सा आधार चाहिए? परमेश्वर का ही आधार हमारे लिए पर्याप्त है। ऐसे ऐच्छिक दारिद्र्य में हमारे यहाँ के कवि रहते थे।

तमिलनाडु के महापुरुष माणिक्कवाचकर पाण्ड्य राजा के प्रधानमन्त्री थे। उन्होंने वहाँ का थोड़े दिन तमाशा देखा। वहाँ का जीवन नीरस मालूम हुआ, तो सारा छोड़कर गाँव-गाँव घूमने लगे। सुन्दर भजन लिखे। तमिलनाडु की जनता उनके पीछे पागल है। इस तरह के अनेक सत्पुरुष, साहित्यिक और कवियों के नाम आपके सामने गा सकता हूँ। उन्हें राजा-महाराजाओं से पुरस्कार मिला, पर शायद उससे ज़्यादा पुरस्कार जनतान्तर्गत परमेश्वर से मिला था। उसी आधार पर हमारे यहाँ के साहित्यिक और कवि जीये और लोकजीवन में पैठ गये। अगर वे राजाश्रय पर खड़े हुए होते, तो जहाँ राजा गये, वहाँ वे भी चले जाते। आज है कोई राजा? कितने आये, कितने गये, कोई हिसाब नहीं। हिन्दुस्तान तो एक ही राजा को जानता है—राजा राम। हिन्दुस्तान के साहित्यिक लोकजीवन में घुल-मिल गये, इसका एक ही कारण है—वे राजाश्रय पर नहीं रहे, ऐच्छिक दारिद्र्य में रहे।

जनता में घुल-मिल जायें

गीता में 'योगारूढ़' का वर्णन किया है। जिसका योग अपूर्ण रह जाता है, उसे पूर्ण करने के लिए उसे दूसरा जन्म मिलता है। नया जन्म किस प्रकार का मिलता है? गीता ने शुचीनां श्रीमतां गेहे शब्द इस्तेमाल किया है। पवित्र और श्रीमान कुल में, घर में। श्रीमान का अर्थ पैसेवाला नहीं, अध्ययन की सामग्री और साधन जिस कुल में है, ऐसे श्रीमान कुल में जन्म मिलता है।

दूसरा जन्म और भी दुर्लभ है, दुर्लभतर है। 'तर' प्रत्यय का उपयोग किया है। शंकराचार्य भाष्य लिख रहे हैं। दूसरा जन्म कौन-सा? धीमान योगियों के कुल में। एक बाजू 'श्रीमान' और दूसरी बाजू 'धीमान' को खड़ा किया है। वैसे ही एक बाजू 'शुचि' और दूसरी बाजू 'योगी' को खड़ा किया है। पवित्र श्रीमान पुरुष के कुल में जन्म पाना बड़ा भाग्य है। पर उससे भी अधिक भाग्य है, धीमान योगी के कुल में जन्म पाना। बड़ी लायब्रेरीवाले के घर जन्म पाने से अधिक भाग्य है, ज्ञानी के घर जन्म पाना। साधन-सामग्री से बढ़कर 'धी' (बुद्धि) है। धीमान योगी के कुल में जन्म पाना दुर्लभ है।

शंकराचार्य अपनी ओर से इसमें एक और शब्द जोड़ दे रहे हैं—धीमतां दरिद्राणाम्। अद्‌भुत भाष्य है। बुद्ध का जन्म 'शुचीनां श्रीमताम्' घर में हुआ। उसका उन्होंने अत्यन्त ठीक उपयोग किया। कारुण्यपूर्ण दृष्टि से दुनिया की ओर देखा। यह 'शुचीनां श्रीमताम्' का उदाहरण हुआ। अब 'योगिनां धीमताम्' का उदाहरण चाहिए। शंकराचार्य अपनी ही तरफ़ इशारा कर रहे हैं। वे स्वयं ग़रीब के घर जन्मे थे। इस वास्ते 'धीमताम्' के साथ 'दरिद्राणाम्' शब्द जोड़ दिया।

अक्सर देखा गया है कि हिन्दुस्तान के साहित्यिक ग़रीबों में जाकर उनके समान जीवन जीने में अपना भाग्य समझते हैं। दारिद्र्य एक चीज़ है और ऐच्छिक दारिद्र्य दूसरी चीज़ है। वे दारिद्र्य का वरण करके जनता में घुल-मिल गये, इसलिए जन-हृदय पर उनका गहरा और अमिट प्रभाव है।

साहित्यिक खेती करें

साहित्यिक अगर अपने हाथ से खेती करेगा, तो वह बहुत बड़ा काम होगा। वेद में मनुष्य-जीवन को कृषि-जीवन ही कहा है। पंच कृष्टि समाज की बात करते हैं। वेद में पंचकृष्टीः यानी पाँच कृषिकार, ऐसा शब्द आता है। पाँच समाज यानी पाँच कृषक। बल्कि, 'कृष्ण' शब्द भी कृषि से पैदा हुआ है। कृष्ण में 'कृष्' धातु है। कृष् यानी खेती करना। हिन्दुस्तान की हवा में जो भी खेती करता है, उसका रंग काला हो जाता है, इसलिए 'कृष्ण' का अर्थ काला हो गया। मूल अर्थ 'खेती करनेवाला' है। शुद्ध, स्वच्छ, निर्मल जीवन खेती करनेवाले का है। 'कुरल' तिरुवल्लुवर की

कृति है। उसमें हमने एक सुन्दर वाक्य पढ़ा—उळुदुण्डु वाळ्वारे वाळ्वार्-जो खेती करके जीते हैं, वे ही जीते हैं।

हम चाहते हैं कि कवि, साहित्यिक भी एक एकड़ ज़मीन ले ले और सृष्टि से सम्बन्ध जोड़े। कुदरत के साथ सबका जीवन-सम्बन्ध जुड़ जाये, यह ज़रूरी है। कोई भी काम ऊँचा नहीं, कोई नीचा नहीं। उसमें समत्वयोग साधना है। उसमें अपना स्वार्थ, परार्थ की शरण में ले जाने से मानव-हृदय उन्नत होता है।

कवि को प्रेरणा कब मिलती है? तीन कारणों से ही कवियों को प्रेरणा मिलती है। (१) मानव-हृदय की उन्नति, (२) सामाजिक समत्व, (३) प्रकृति के साथ सम्बन्ध। जब लोगों का जीवन प्रकृति के साथ जुड़ा हुआ होता है, तब वह जीवन उन्नत होता है। साहित्यिकों को प्रेरणा तब मिलती है, जब मानवहृदय उन्नत होता है, जब प्रकृति से सम्बन्ध होता है, जब समत्व होता है।

विकास-अवरोध के कुछ कारण

आधुनिक गद्य-साहित्य का धीरे-धीरे विकास हो रहा है, लेकिन साहित्य से जो अपेक्षा होती है और जो करनी चाहिए, वह पूरी नहीं हो रही। उसका एक कारण तो यह है कि बहुतों को जीवन-कलह (स्ट्रगल फ़ॉर एक्झिस्टन्स) में टिकने की काफ़ी कोशिश करनी पड़ती है, साहित्यिकों को भी करनी पड़ती है। उसमें बहुत-से हार खाते हैं। कई लोग लाचारी से कुछ ऐसे काम ढूँढ़ लेते हैं और करते हैं, जो काम स्वाभाविकत: साहित्यिक की प्रतिभा के लिए अनुकूल नहीं होते। वैसी प्रतिकूल परिस्थिति में पड़कर भी कुछ बची हुई साहित्य की प्रतिभा का उपयोग वे कर लेते हैं। लेकिन अपेक्षापूर्ति न होने के लिए आज की परिस्थिति एक बहुत बड़ा कारण है।

दूसरी बात यह है कि ज़माना किधर जा रहा है, किधर जाना चाहिए, इसका कोई ख़ास भान साहित्यिकों को नहीं दीखता है। वे तो उससे उलटी दिशा में ही जा रहे हैं। जगह-जगह अपने आसपास जो छोटी-मोटी समस्याएँ हैं और छोटे-मोटे सुख-दुख दीख पड़ते हैं, उनमें साहित्यिक उलझ जाते हैं और उसके कारण उस पार का दर्शन उन्हें नहीं होता। उनमें करुणा होती है, लेकिन उसकी गहराई बहुत कम होती है। कुछ साहित्यिक मज़दूरों का

वेतन बढ़े, उतने में ही अपनी करुणा समाप्त कर लेते हैं। कुछ की करुणा कुटुम्ब-नियोजन के काम में ही समाप्त होती है। ऐसे छोटे-छोटे कामों में अपनी कारुण्यवृत्ति को, सहानुभूति को—जो कवि-हृदय के लिए बहुत आवश्यक होती है—वे समाधान दे लेते हैं और छोटे-छोटे मसलों में उनका चित्त गिरफ़्तार हो जाता है।

तीसरी बात मैं यह देख रहा हूँ कि कुदरत का जो स्पर्श चाहिए—कुदरत के दर्शन का और कुदरती जीवन का—वह साहित्यिकों को नहीं होता है। उन्हें दोनों से अलग रहना पड़ता है। इसलिए स्फूर्ति का एक बहुत बड़ा स्रोत कुण्ठित हो जाता है।

चौथी बात देख रहा हूँ कि नये मूल्यों की खोज में, साहित्यिकों को भान नहीं रहता कि सच्चे मूल्य न नये होते हैं और न पुराने होते हैं। इसलिए वे बह जाते हैं और नये मूल्यों के नाम से शाश्वत मूल्यों से वंचित रह जाते हैं।

पाँचवीं बात है कि हृदय प्राणपुरुष से जुड़ा होना चाहिए। जो सहस्र वर्षों के अनुभवों से समृद्ध हैं, उनसे हृदय जुड़ा हुआ हो और बुद्धि आधुनिक प्रवाह से जुड़ी हुई हो, यह आवश्यक है। इस तरह का दुहरा सम्पर्क, अर्थात् बुद्धि के ज़रिये आधुनिक प्रवाह से सम्पर्क और हृदय के ज़रिये पुराने प्रवाह से सम्पर्क साधना मुश्किल हो जाता है। इसलिए व्यक्ति या तो पुराना सम्पर्क करता है या आधुनिक। बुद्धि अद्यतन और हृदय प्राचीनतम से सम्पृक्त हो, यह तो एक योग ही है। वह योग आज के साहित्यिकों को नहीं सध रहा।

एक बात और ज़रूरी है कि साहित्यिक को मुक्तात्मा होना चाहिए, यानी उसके मन और बुद्धि दोनों का समाधान होना चाहिए। इस तरफ़ आजकल ध्यान नहीं दिया जाता है। और असमाधान में से साहित्य का निर्माण होगा, यह ख़याल व्यापक बन रहा है, जो उत्तम साहित्य के निर्माण में बाधक साबित हो रहा है।

कुछ दिशाभूल

एक बार हमने इसकी खोज की थी कि देहात के सर्वसाधारण पढ़े-लिखे लोगों के घरों में कौन-सा छपा हुआ साहित्य पाया जाता है। खोज के फलस्वरूप देखा गया कि कुल मिलाकर पाँच प्रकार का साहित्य

पढ़ा जाता है—

(१) समाचार-पत्र, (२) शालोपयोगी पुस्तकें, (३) उपन्यास, नाटक, गल्प, कहानियाँ आदि, (४) अपनी भाषा में लिखे हुए पौराणिक और धार्मिक ग्रन्थ और (५) वैद्यकसम्बन्धी पुस्तिकाएँ।

इससे यह अर्थ निकलता है कि यदि हम लोगों के दिलों की उन्नति करना चाहते हों, तो उक्त पाँच प्रकार के साहित्य की उन्नति करनी चाहिए।

एक मित्र ने मुझसे कहा, ''मराठी भाषा कितनी ऊँची उठ सकती है, यह ज्ञानदेव ने दिखाया; और वह कितनी नीचे गिर सकती है यह हमारे आज के समाचार-पत्र दिखा रहे हैं!'' यह प्राधान्येन लेना है।

लेकिन इसमें दोष किसका है? कोई कहते हैं सम्पादकों का, कोई कहते हैं पाठकगण का, कोई कहते हैं पूँजीपतियों का। गुनाह में तीनों की शिरकत है, और 'कमाई का हिस्सा' तीनों को बराबर मिलनेवाला है। परन्तु मेरे मत से अपराध करनेवाले ये तीनों भले ही गिने जाते हों, अपराध करनेवाला दूसरा ही है, और वही इस पाप का वास्तविक 'धनी' (मालिक) है। वह कौन?—साहित्य की परिभाषा करनेवाला चटोरा अथवा रुचिभ्रष्ट साहित्यकार।

''विरोधी विवाद का बल, दूसरों का जी जलाना, जली-कटी या पैनी बातें कहना, मखौल (उपहास), छल (व्यंग्य), मर्मभेद (मर्मस्पर्श), आड़ी-टेढ़ी सुनाना (वक्रोक्ति), कठोरता, पेचीदगी, संदिग्धता, प्रतारणा (कपट)'' —ये ज्ञानदेव ने वाणी के अवगुण बतलाये हैं। परन्तु हमारे साहित्यकार तो ठीक इन्हीं अवगुणों को 'वाग्भूषा' या साहित्य की सजावट मानते हैं!

पिछले दिनों एक दफ़ा रामदास की, 'ओछी तबियतवालों को विनोद भाता है', इस उक्ति पर कई साहित्यिक बहुत नाराज़ हुए थे। रामदास के भावार्थ पर ध्यान देकर उससे उचित उपदेश लेने के बदले इन लोगों ने यह आविष्कार किया कि विनोद का जीवन में और साहित्य में जो स्थान है, उसे रामदास समझ नहीं पाये थे। उपहास, छल, मर्मस्पर्श आदि ज्ञानदेव ने अस्वीकार किये, यह भी हमारे साहित्यकार—उनकी साहित्य की परिभाषा के अनुसार—ज्ञानदेव के अज्ञान का ही फल समझेंगे।

ज्ञानदेव या रामदास को राष्ट्र-कल्याण की तड़पन थी और हमारे विद्वानों

को चटपटी भाषा की फ़िक्र होती है, चाहे राष्ट्रघात ही क्यों न होता हो—यह इन दोनों में मुख्य भेद है। हमारी साहित्यनिष्ठा ऐसी है कि चाहे सत्य भले ही मर जाये, लेकिन साहित्य जीता रहे।

"हे प्रभो, अभी तक मुझे पूरा-पूरा अनुभव नहीं होता है, तो क्या मेरे देव, मैं केवल कवि ही बनकर रहूँ?" इन शब्दों में तुकाराम ईश्वर से अपना दुख कहते हैं, और यह (साहित्यकार) खोज रहे हैं कि तुकाराम के इस वचन में काव्य कहाँ तक सधा है। हमारी पाठशालाओं की शिक्षा का सारा तरीक़ा ही ऐसा है।

मैंने एक निबन्ध पढ़ा था। उसमें लेखक ने तुलसीदासजी की शेक्सपियर से तुलना की थी और किसका स्वभाव-चित्रण किस दर्जे का है, इसकी चर्चा की थी। मतलब यह कि जो तुलसीदासजी की रामायण हिन्दुस्तान के करोड़ों लोगों के लिए—देहातियों के भी लिए—जीवन की मार्गदर्शक पुस्तक है, उसका अध्ययन भी यह भला आदमी स्वभाव-चित्रण की शैली की दृष्टि से करेगा! शायद कुछ लोगों को मेरे कथन में कुछ अतिशयता प्रतीत हो, लेकिन मुझे तो कई बार ऐसा ही जान पड़ता है कि इन शैली-भक्तों ने राष्ट्र के शील की हत्या का उद्योग शुरू किया है।

शुकदेव का एक श्लोक है, जिसका भावार्थ यह है कि "जिससे जनता का चित्त शुद्ध होता है, वही उत्तम साहित्य है।" जो साहित्य-शास्त्रकार कहलाते हैं, और जिनसे आज हम प्रभावित हैं, वे यह व्याख्या स्वीकार नहीं करते। उन्होंने तो शृंगार से लेकर बीभत्स तक विभिन्न रस मान्य किये हैं, और यह निश्चित किया है कि साहित्य वही है, जिसमें ये रस हों। साहित्य की यह समूची व्याख्या स्वीकार कर लीजिए, उसमें कर्तव्यशून्यता मिला दीजिए, फिर कोई भी बतला दे कि आज के समाचार-पत्रों में जो पाया जाता है, उसके सिवाय और कौन-से साहित्य का निर्माण हो सकता है?

कला जीवन में ओतप्रोत हो

हम कला का आनन्द निर्माण करते हैं, वहाँ सत्-चित्-आनन्द तीनों होने चाहिए। आनन्द को हम अलग रखेंगे, तो जैसे कोई लाश पड़ी है, ऐसा होगा। जहाँ चित् नहीं है और आनन्द नहीं है, वहाँ तो पेड़ से कटा हुआ फल जैसे होता है, वैसे होगा। वह जुड़ा हुआ है, तो उसे पेड़ से जीवन

मिलेगा। वैसे ही आनन्द का अनुभव सत् और चित् के साथ ही आयेगा, उससे अलग तोड़ने से नहीं आयेगा। आपकी सारी कारीगरी सत्-चित्-आनन्द पर खड़ी है। वही सही आनन्द है।

आजकल जिसे आनन्द कहते हैं, वह सही आनन्द नहीं है। दिनभर फैक्टरी में हम मनुष्य को ऐसा काम दें, जो बिलकुल नीरस हो, जिसमें सब तरह से वृत्ति शुष्क बने, और वैसा काम करके थका हुआ आदमी घर आता है तो उसको सिनेमा, खेलकूद आदि से आनन्द दिलाने की कोशिश करते हैं, तो मैं कहूँगा कि यह सही आनन्द नहीं है। उसे मैं ढोंग कहता हूँ।

इसलिए जो भी काम करना है, उसी में आनन्द होना चाहिए। चौबीसों घण्टे आनन्द मिलना चाहिए। अगर हमारे काम में ही आनन्द रहेगा, तो फिर उसके लिए अलग कोशिश नहीं करनी पड़ेगी। काम में ही आनन्द होना चाहिए। आनन्द जीवन की हर कृति में होना चाहिए।

कला का अर्थ यह भी है कि वह सबको आनन्द देती है। लेकिन उसमें और एक बात है। कौन-सा आनन्द विकृत है, कौन-सा प्राकृत है और कौन-सा (सु)संस्कृत है, इसका भी ख़याल रखना होगा। सबको आनन्द देनेवाली जो कला है, वही सही कला है, उसी तरह से जो आनन्द हमें संस्कृति की ओर ले जायेगा, वही सही आनन्द है।

काव्य-सूत्र : साहित्य के लक्षण

जीवन के हर विषय के बारे में विचार करने की मेरी एक ख़ास दृष्टि है, और साहित्य को मैं जीवन का एक महत्त्व का विषय समझता हूँ। इसलिए उसके बारे में भी मैंने मेरी अपनी विचार-पद्धति के अनुसार काफ़ी चिन्तन किया है, जो मैं यहाँ पेश कर रहा हूँ। मेरा चिन्तन मैं एक सूत्र के आधार से रखूँगा। यद्यपि वह सूत्र नया नहीं है, बहुत पुराना है, सूत्र का मेरा अर्थ नया है।

काव्यं यशसेऽर्थकृते व्यवहारविदे शिवेतरक्षतये।

यह एक काव्य-सूत्र है। काव्य और साहित्य में कोई फ़रक़ नहीं है। जो चीज़ काव्य के लिए कही गयी, वह कुल साहित्य के लिए लागू होती है।

काव्यं यशसे—काव्य यश के लिए होना चाहिए। लेकिन यश किसका? यश परमात्मा का। काव्य को परमात्मा का यशोगान करना चाहिए। और परमात्मा यानी सत्य। सत्य से ही यश, जय होती है। सत्य में ही ताक़त है, असत्य में नहीं। क्योंकि सत्य का ही अस्तित्व है। असत्य का अस्तित्व नहीं। जिस तरह प्रकाश और अँधेरा है, उन दोनों का अस्तित्व है, ऐसा हम नहीं कह सकते। हम मानते हैं कि प्रकाश का ही अस्तित्व है। अँधेरा कोई स्वतन्त्र वस्तु नहीं। वह तो केवल अभावरूप—प्रकाश का न होना है। भावरूप तो प्रकाश ही है। उसी तरह असत्य का कोई अस्तित्व नहीं है। सत्य का ही अस्तित्व है और जैसा कि मनुमहाराज ने कहा है—

अधर्मेण एधते तावत् ततो भद्राणि पश्यति
ततः सपत्नान् जयति समूलस्तु विनश्यति (मनु ४.६९)

—अधर्म से पापी आदमी ऊपर चढ़ता है, उसके बाद उसकी तरक्की होती

है, वह सब भद्र देखता है, अपने शत्रुओं को जीतता है, लेकिन अन्त में समूल—जड़मूल के साथ नष्ट होता है। उसी तरह, भले ही थोड़ी देर के लिए असत्य की जय दिखायी दे, असत्य बढ़ा-चढ़ा हुआ दिखायी दे, तो भी आख़िर में तो वह समूल नष्ट होनेवाला ही है, गिरनेवाला ही है। यह बात जो कहेगा, सिखायेगा वह साहित्य है, काव्य है।

असत्य की जय थोड़ी देर दिखायी देती है, वह भी सत्य के आधार पर ही। असत्य को अपना ख़ुद का कोई आधार या ताक़त नहीं है। जिस तरह दुर्योधन लड़ता है तो वह भीष्म-द्रोण की सहायता से लड़ता है, न कि अपनी ख़ुद की ताक़त से, वैसे असत्य सत्य के आधार से टिकता है।

काव्य तथा साहित्य वह है, जो हृदय को स्पर्श करता है। सच्चा काव्य या साहित्य बुद्धि से परे है। इसलिए, जो केवल बुद्धि पर नहीं, हृदय पर अपनी कही हुई बातों का प्रभाव डालता है, उन्हें हृदय में पैठाता है, वही काव्य है, साहित्य है। यह है काव्य का पहला लक्षण!

दूसरा लक्षण है, अर्थकृते—जो जीवन का अर्थ करता है। मनुष्य का और पशु का जीवन भिन्न है। मनुष्य का जीवन विचारमय, ज्ञानमय होना चाहिए। जीवन की भिन्न-भिन्न घटनायें—विवाह, जन्म, मृत्यु, नींद वग़ैरह का अर्थ क्या है? यह समझाने का कार्य साहित्य का है। ऐसे तो लोग विवाह कर ही लेते हैं, लेकिन उनमें से बहुत ही कम लोग यह बात जानते हैं कि विवाह के मानी क्या हैं! मृत्यु सबने देखी है। लेकिन मृत्यु यानी क्या? जो एक क्षण पहले ज़रा-सी आँच लगने पर चिल्लाता था, वही अब जलाने से भी चूँ नहीं करता है। क्यों नहीं करता? एक क्षण के अन्दर उसमें यह परिवर्तन कैसे, क्यों हुआ? मृत्यु हुई यानी क्या हुआ? मृत्यु के पहले कौन-सी चीज़ मनुष्य में थी, जो अब नहीं है? यह सब समझाना, मृत्यु का अर्थ समझाना है। हम सब रोज़ सोते हैं, लेकिन सोने का अर्थ क्या है? सोना यानी किये हुए कार्य की विश्रान्ति और आगे के कार्य की तैयारी! इस दृष्टि से सोना यानी एक समाधि है। क्यों? इसके लिए समाधि का अर्थ देखना होगा। समाधि का अर्थ है मन-बुद्धि का परमात्मा में लीन होना। समाधि यानी ऐसी अवस्था, जिसमें आत्मा की शक्ति का आविर्भाव हो। समाधि में मन-बुद्धि परमात्मा में लीन होकर आत्मा की शक्ति का आविर्भाव होगा। समाधि के बाद मन-बुद्धि, जो आविर्भूत हो गयी है, पवित्रभूत हो गयी है, हमारा व्यवहार पवित्र करेगी। निद्रा का यही

अर्थ है। निद्रा के बाद हमारे कार्य अधिक पवित्र, आविर्भूत, उत्साहयुक्त होने चाहिए। और सच्चे कर्मयोगी के लिए निद्रा एक समाधि ही है सोने का यह अर्थ हुआ। इस तरह जीवन की हर क्रिया का अर्थ है। यह अर्थ समझाना, साहित्य का दूसरा कार्य, दूसरा लक्षण है।

साहित्य का तीसरा लक्षण व्यवहारविदे—जिससे हमारा व्यवहार ज्ञानमय हो। व्यवहार करने से हमें ज्ञान प्राप्त हो! जिस तरह माता लड़के को शिक्षा देती है, उसी तरह सच्चा काव्य समाज को शिक्षा देगा कि व्यवहार कैसे करें? व्यवहार यानी क्या? जहाँ अंश है, वहाँ व्यवहार है। संस्कृत में व्यवहार का यही अर्थ है। मेरे पूर्ण जीवन का एक अंश मैं हूँ। बाक़ी के अंशों में से कितने-कितने अंश किन-किनको दें? माता, पिता, पत्नी, बच्चे, मित्र, समाज वग़ैरह जो हैं, उनमें से किसको कितना हिस्सा देना, यह समझाना व्यवहार-शिक्षा है। इच्छा से या अनिच्छा से, ज्ञान से या अज्ञान से व्यवहार तो होता ही है। लेकिन वह व्यवहार ज्ञानपूर्वक हो, व्यवस्थापूर्वक हो। वह वैसा कैसे हो, यह सिखानेवाली शिक्षा व्यवहार-शिक्षा है। और वह शिक्षा साहित्य से मिलनी चाहिए। इस दृष्टि से देखने से समाजशास्त्र, अर्थशास्त्र, धर्मशास्त्र का काफ़ी हिस्सा इसमें आ जाता है।

जिस तरह अपने जीवन का कौन-कौन-सा हिस्सा किन-किनको देना व्यवहार-शिक्षा है, उसी तरह दुनिया के जीवन में से कौन-कौन-स और कितना हिस्सा अपने जीवन में लेना, यह समझाना भी व्यवहार में ही आता है। क्योंकि हमारा जीवन, दुनिया के जीवन से अलग, उसका कोई असर न होनेवाला; कभी नहीं रह सकता, न कभी रहना चाहिए। हमारे जीवन का दुनिया के जीवन पर और दुनिया के जीवन का हमारे जीवन पर हमेशा असर होता ही रहेगा।

एक दफा एक फलज्योतिषी के साथ मेरी बातें हो रही थीं। उसने पूछा, क्या आपका फलज्योतिष पर विश्वास है? मैंने कहा, जिस अर्थ में आप कहते हैं, उस अर्थ में नहीं है। उसने पूछा, क्या आप यह नहीं मानते कि एक आदमी के जन्म के समय कोई ग्रह—गुरु या शुक्र इतने नज़दीक थे या इतने दूर थे, उसका कोई असर उस पर अवश्य होता होगा? मैंने कहा, भाई, असर होता होगा यह तो मैं भी मानता हूँ, लेकिन कोई विशिष्ट प्रकार का और वही असर होगा, यह मुझे कबूल नहीं। ऐसा कहना पाखण्ड है, घमण्ड है। और गुरु या शुक्र का मुझ पर असर होता है वैसा मेरा भी तो

गुरु-शुक्र पर असर होता होगा! तुम्हारे शास्त्र में पृथ्वी के इतने बड़े ग्रह का तो नाम ही नहीं है। क्या पृथ्वी का कोई असर दूसरे ग्रहों पर नहीं पड़ता होगा? यह बात मैंने उससे कही। इसलिए मैं फलज्योतिष को निष्फल ज्योतिष कहता हूँ! ज्योतिष की मूल कल्पना, मूल तत्त्व मुझे मान्य हैं, लेकिन यह फलज्योतिष, ग्रहों के असरवाला ज्योतिष, मुझे मान्य नहीं।

साहित्य का चौथा हेतु या लक्षण है, शिवेतरक्षतये—जिससे हमारे और जनता के पापों का नाश हो। यह सबसे महत्त्व का हेतु है। क्योंकि यह न होगा तो पहले के तीनों हेतुओं—'यशसे', 'अर्थकृते', 'व्यवहारविदे'—को हम समझ नहीं सकेंगे। इस बात को स्पष्ट करने के लिए एक मिसाल लें। 'अर्थकृते' का मतलब है जीवन की हर घटना का, हर कार्य का अर्थ बताना। मान लीजिए, गोसेवा का कार्य है। जिस मनुष्य की चित्तशुद्धि नहीं हुई है, वह मनुष्य गोसेवा का अर्थ क्या समझेगा? तब वह गो की सेवा करेगा तो स्वार्थ की दृष्टि से ही करेगा। गो को सँभालेगा तो उसका दूध पीयेगा, खाद लेगा, उसके बछड़ों से खेती करवायेगा, उसके मरने के बाद उसकी हड्डी और चमड़े का उपयोग कर लेगा, लेकिन यह कोई गोसेवा का अर्थ नहीं है। गोसेवा यानी हमारी अहिंसा की, प्रेम की दृष्टि को व्यापक करना है। अहिंसा या प्रेम कुटुम्ब, देश या केवल मानवजाति तक ही मर्यादित न रहकर वह पशु-पक्षी-प्राणियों तक, बल्कि सारे चराचर विश्व में फैलना चाहिए। यह सिखलाना, उसका अभ्यास करना गोसेवा का उद्देश्य, गोसेवा का अर्थ है। गो तो केवल एक प्रतीक है, मूर्ति है। यह जो गोसेवा का, गोरक्षा का विशाल अर्थ है, उसे स्वार्थी मनुष्य, जिसकी कुछ भी चित्तशुद्धि नहीं हुई है, क्या समझ सकेगा? इसलिए साहित्य का सबसे महत्त्व का हेतु है, शिवेतरक्षतये—चित्तशुद्धि!

शुक्राचार्य ने भागवत में लिखा है—

> स वाग्विसर्गो जनताघविप्लवो
> यस्मिन्प्रतिश्लोकमबद्धवत्यपि
> नामान्यनन्तस्य यशोऽङ्कितानि
> यत् शृण्वन्ति गायन्ति गृणन्ति साधवः

वही साहित्य, वही वाग्विसर्ग, वही ग्रन्थरचना सज्जन सुनते हैं, गाते हैं, गाकर नाचते हैं, जिसमें भगवान का यश वर्णित हो, जिससे चित्तशुद्धि हो।

फिर भले ही उसमें भाषा की दृष्टि से चाहे कितनी भी ग़लतियाँ क्यों न हों। इसलिए मनुष्य की चित्तशुद्धि करना साहित्य का प्रधान हेतु है और होना चाहिए। अर्थात् साहित्य वह है जो ईश्वर का, सत्य का ही यशोगान करे, जीवन का अर्थ समझाये, व्यवहार-शिक्षा दे और जीवन की, चित्त की शुद्धि करे।

वेदव्यास

वेदव्यास केवल गीता के ही प्रवक्ता नहीं थे। वेदों का विभाजन भी उन्होंने किया। पहले चारों वेद इकट्ठे थे। इसलिए पढ़ना बहुत कठिन हो जाता था। व्यास भगवान ने वेदों को चार विभागों में बाँट दिया—ऋग्वेद, यजुर्वेद, सामवेद और अथर्ववेद। व्यास का अर्थ है विभाजन करनेवाला। विभाजन के कारण वेद का अध्ययन आसान हो गया। किस वेद का अध्ययन कौन करे, इसकी व्यवस्था भी बना दी। इसलिए इनको वेदव्यास कहते हैं। वेद-विभाजन व्यास का बहुत बड़ा उपकार है। उनका दूसरा उपकार है महाभारत। और तीसरा गीता। व्यासदेव ने अपने जीवन का सार भगवद्गीता में उँडेल दिया है। उन्होंने विस्तारपूर्वक बहुत-कुछ लिखा है। लेकिन गीता में उन्होंने थोड़े में तत्त्व बताकर सन्तोष मान लिया है। उनकी इस सन्तोष-वृत्ति में सत्य तथा आत्मानुभव पर का उनका महान् विश्वास दिखायी देता है।

वेदव्यास यानी द्वैपायन व्यास ने जब वेद-विभाग किये, तब उन्होंने वेदसाररूप गीता की रचना की ऐसा मैं मानता हूँ। उपनिषदों के आरम्भ में कहीं-कहीं जैसी आख्यायिका होती है वैसे गीता के आरम्भ में उन्होंने भारतीय युद्ध की आख्यायिका बैठा दी है। और ऐसी वह वेदविभाजनान्त में रचित गीता, महाभारत की रचना करते समय उसके बीच बैठा दी है। महाभारत में जहाँ वह बैठायी है वहाँ वह सटीक बैठी नहीं है, यह आगे-पीछे का सन्दर्भ देखने से ध्यान में आये बिना नहीं रहेगा।

द्वैपायन व्यास (महाभारतकार) और बादरायण व्यास (ब्रह्मसूत्रकार) दोनों अलग हैं। द्वैपायन व्यास क़रीब पाँच हज़ार वर्ष पूर्व हो गये और बादरायण

व्यास क़रीब सवा दो हज़ार वर्ष पहले।

भगवान व्यास के भारत-सावित्री के अन्तिम श्लोक में है—ऊर्ध्वबाहुर् विरौम्येष न कश्चित् शृणोति माम्। हाथ ऊँचा करके मैं चिल्ला रहा हूँ, पर मेरी कोई सुनता नहीं। मैं क्या कहता हूँ? धर्मादर्थश्च कामश्च। तुम लोगों को क्या चाहिए? अर्थ चाहिए और काम चाहिए। धर्म से ही वह मिलता है, यह बात ज़ाहिर है, तो धर्म का आचरण क्यों नहीं करते? उनके अपने मन में जो है वह कहा नहीं। उनके मन में है कि धर्म से मोक्ष मिलता है। लेकिन मोक्ष की इच्छा है किसको? इसलिए कहा कि अर्थ और काम धर्म करते-करते प्राप्त करो। यानी केवल धर्माचरण स्वीकारने को लोगों को कहने के लिए व्यास भगवान को काम-लाभ, अर्थ-लाभ कहना पड़ा। लेकिन सुनता कोई नहीं। जहाँ भगवान व्यास की नहीं चली वहाँ बाबा की क्या चलेगी? इसलिए जितनी सेवा कर सकते हैं करें, लेकिन मुख्य कसौटी है कि वासना का क्षय हो रहा है या नहीं।

हमारी कोई सुनेगा नहीं तो हमारा नुकसान नहीं। हम सुनाने का कर्तव्य करके चले गये ऐसा होगा। दूसरी बात हमारी नहीं सुनते तो हम उस श्रेणी में आ जाते हैं जिसमें भगवान व्यास आते हैं। गाँधीजी का भी आख़िर में यही हाल हुआ।

व्यास भगवान ने १८ पुराण लिखे। किसी ने पूछा कि इतना सारा लिख डाला वह कौन पढ़ेगा और समझेगा? इसका सार हमें बताइये। तो उन्होंने कुल का निचोड़ आधे श्लोक में कह डाला—परोपकारः पुण्याय, पापाय परपीडनम्—दूसरों को मदद देना, परोपकार करते रहना ही पुण्य है, धर्ममार्ग है। दूसरे को तकलीफ़ देना, पीड़ा देना अधर्म है। बस, अठारह पुराणों का सार इसमें आ गया।

साहित्यिक के लिए विकारों से परिपूर्ण निर्लिप्तता अनिवार्य है। लेकिन विकारों को पहचानने के लायक उन विकारों के साथ समरस होने की शक्ति भी उतनी ही अनिवार्य है। साहित्यिक के लिए ये दो अनिवार्यताएँ हैं। बहुत दफ़ा आश्चर्य होता है कि परम तटस्थ ऋषि व्यावहारिक ज्ञान की सूक्ष्मता और मनुष्य स्वभाव की परख किस तरह दिखाते थे। ख़ासकर व्यासजी का जो दर्शन हमें होता है, उसे देखकर आश्चर्य होता है कि मानव भावनाओं का इतना सूक्ष्म ज्ञान उन्हें किस तरह हुआ होगा। लेकिन इसमें

आश्चर्य की बात नहीं, क्योंकि वे निर्लिप्त एवं तटस्थ थे और बेचारे लोगों के साथ पक्षपात करने की शक्ति भी रखते थे। यह दुहरी शक्ति होने के कारण वे लोगों को न सिर्फ़ पहचानते थे, बल्कि उनके साथ हमदर्दी भी रखते थे।

महर्षि व्यास एक ऐसा उदाहरण हैं, जहाँ साहित्य और सत्य दोनों एकत्र दीख पड़ते हैं। वे शब्द-निष्णात भी थे, व्यवहारवेत्ता भी थे, कर्मयोगी भी थे और समाज पर जब कभी आपत्ति आती थी, तो वहाँ भी उपस्थित हो जाते थे।

कौरव, पाण्डव सभी व्यासजी के सम्बन्धी थे। व्यासजी ने उनको युद्ध न करने के लिए समझाया। पर वे तो लड़ने की ठान बैठे थे। जब व्यासजी की बात नहीं मानी गयी, तो उन्होंने वहाँ रहना मुनासिब नहीं समझा और तपस्या करने बद्री-केदार चले गये। इधर लड़ाई में ब्रह्मास्त्र छोड़ने की नौबत आयी। उससे दुनिया नष्ट होनेवाली थी। व्यासजी उसके दुष्परिणाम जानते थे। उनसे रहा नहीं गया, वे समझाने के लिए आ गये। एक वही अकेला ऐसा आदमी था, जो उस अस्त्र को वापस लौटाने के लिए अर्जुन को राजी कर सका और उस समय जो संकट आनेवाला था, वह टल गया। वह एक ही हस्ती और एक ही शक्ति थी, जो काम आयी।

एक बार आरम्भ हो जाने के बाद आगे का काम सहज प्रवाह में सूझता जाता है, उत्स्फूर्त होता है। महर्षि व्यास लिखने बैठे तब उनको भी यही अड़चन आयी कि पहले पर्व को नाम क्या दें और आरम्भ कैसा करें। गणेशजी लिखने बैठे थे, उन्होंने कहा, नाम की क्या चिन्ता करते हो, पहले पर्व को आदिपर्व नाम दें और आरम्भ में मैं ॐ लिख ही रहा हूँ। इस प्रकार गति मिलने के बाद महाभारत अठारह पर्वों तक पहुँच गया। गणेशजी की इस युक्ति का भावार्थ यह है कि शुरुआत एक बार सर्वसाधारण तरीक़े से कर देनी चाहिए। फिर आगे कुछ विशेष प्रयोग भी हो सकते हैं।

महाभारत

महाभारत में जीवन के लिए असंख्य सिखावनें भरी हैं। वह जीवन का इतिहास है, अमर इतिहास है। महाभारत के रूप में एक बहुत बड़ा विश्वकोश अपने देश में बना। जिसमें मुख्य कहानी के आधार पर बीच-बीच में अनेक जगह भूगोल, इतिहास, राजनीति आदि कई बातें गूँथी गयी हैं। यहाँ तक कि व्यासोच्छिष्टं जगत् सर्वम् ऐसी कहावत ही पड़ गयी है।

महाभारत में क्या नहीं है? व्यासजी महाभारत में द्रौपदीसहित पाँच पाण्डवों को १३ साल जंगल में भेजते हैं और हमको भी उनके पीछे-पीछे घुमाते हैं। नदी, पर्वत, जंगलों से वे जाते हैं तो सारी भूगोल की जानकारी देते हैं। द्रौपदी कभी किसी ऋषि से पूछती है, अरे! हमारे जितनी तकलीफ़ कभी किसी ने सहन की होगी? तो ऋषि जवाब देते हैं, अरे हाँ, सीता को भी इतनी तकलीफ़ हुई थी। कहकर पूरा रामायण सुनायेंगे। महाभारत में थोड़े में बहुत ही सुन्दर रामायण हमें पढ़ने को मिलती है। कभी युधिष्ठिर को लक्ष्य करके द्रौपदी पूछेगी इनके जितनी तकलीफ़ किसी ने सहन की होगी क्या? तो कोई ऋषि पूरा नलाख्यान सुनायेंगे। इस प्रकार सारा इतिहास उसमें आ जायेगा। कभी नारद युधिष्ठिर के राज्य में आयेंगे और पूछेंगे सब कुशल मंगल है न? खेती कैसी है? तुम्हारे मन्त्रीगण कैसे हैं? और उत्तर में सारा राजनीतिशास्त्र कहा जायेगा। उसी प्रकार वनस्पतियों का ज्ञान भी दिया जायेगा। महाभारत में एक लाख श्लोक हैं।

भगवान व्यास ने महाभारत लिखकर भारत देश और दुनिया को एक बहुत बड़ी चीज़ दी है। भगवद्गीता, विष्णुसहस्रनाम आदि महाभारत में आते हैं। महाभारत एक रत्नाकर ही है।

महाभारत का सार यह है कि जहाँ-जहाँ भी हिंसा चलती है, वहाँ दो तरफ़ा हार होती है। हारनेवाला तो हारता ही है, लेकिन जीतनेवाला भी हारता है। महाभारत एक बड़ी करुण कथा है। इसमें जो जीते वे भी आख़िर में क्षीण हो गये। इतिहासवेत्ता कहते हैं कि कुरुक्षेत्र के बाद सैकड़ों वर्षों तक भारत फिर उठ नहीं सका, दीन हो गया।

व्यास भगवान ने एक लाख श्लोक लिखे जो लक्ष-संहिता कहलायी। इतना बड़ा महाकाव्य दुनिया में नहीं है। होमर तो महाभारत का बच्चा है। व्यास ने महाभारत में अपनी तरफ़ से कुछ नहीं कहा। सारा पात्रों के द्वारा ही बुलवाया है। कहीं भीष्म बोलते हैं तो कहीं कृष्ण बोलते हैं, कहीं युधिष्ठिर बोलते हैं तो कहीं और कोई बोलता है। व्यास भगवान ने महाभारत के अन्त में तीन श्लोक लिखे हैं, उन्हें 'भारत-सावित्री' कहते हैं। ऋग्वेद में गायत्री मन्त्र का जो स्थान है, वही स्थान महाभारत में 'भारत-सावित्री' का है। इन तीन श्लोकों में व्यास ने अपनी ओर से सम्पूर्ण महाभारत का सार लिख दिया है।

उन श्लोकों का सार यह है—प्राण के बचाव के लिए भी धर्म को नहीं छोड़ना चाहिए। धर्म को न काम वृत्ति के कारण, न लोभ के कारण और न भय के कारण छोड़ना चाहिए, क्योंकि धर्म शाश्वत है। सुख-दुख अनित्य हैं। वे आते हैं और जाते हैं। इसलिए दुख के डर से या सुख के लोभ से धर्म का त्याग नहीं करना चाहिए।

आत्मा सनातन है, शाश्वत है, महान ? है। इसलिए उसे भय नहीं, काम नहीं, लोभ नहीं। काम के हेतु, लोभ के हेतु, भय के हेतु टिकते नहीं। वे आते-जाते रहते हैं। इसलिए काम, लोभ या भय के लिए धर्म का त्याग नहीं करना चाहिए।

जैसे अच्छी हवा फैलती है, वैसे बुरी हवा भी फैलती है। लेकिन वह ज़रा-सी फैलती है, क्योंकि वह अनित्य है। आत्मा नित्य है। इसलिए धर्मभावना कायम रहती है और इसीलिए बुरी भावना के वश नहीं होना चाहिए। सत्य, प्रेम, करुणा मानवता के हेतु हैं। उन्हें कभी नहीं छोड़ना चाहिए। भगवान व्यास ने महाभारत का यही तात्पर्य बताया है।

महाभारत में मुख्य पात्र कौन है, यह कहना मुश्किल है। कथा, उपन्यास, नाटक आदि में मुख्य कौन है, यह तो स्पष्ट मालूम होता है। लेकिन

महाभारत में आप व्यास की प्रतिभा देखेंगे। कभी इच्छा होती है कृष्ण को मुख्य पात्र कहने की, तो कभी द्रौपदी मुख्य है ऐसा भास होगा! कभी भास होगा कि अर्जुन मुख्य पात्र है, कभी युधिष्ठिर के लिए, कभी भीष्म के लिए यह भास होगा। कभी भास होगा कि कर्ण ही मुख्य है! आप निर्णय नहीं कर पायेंगे। उस-उस वक़्त जैसा अनुभव आयेगा वैसा आप कहेंगे। इतनी विशाल सृष्टि बनायी, इतने आकर्षक पात्र खड़े कर दिये! किसी दूसरे ग्रन्थ में ऐसा नहीं देखा। रामायण में भी अनेक पात्र हैं जो चित्त को खींचते हैं। लेकिन उसमें राम ही मुख्य है, इसमें शक नहीं होता। भारत में जो कला है वह रामायण में नहीं। भारत कृष्णायन नहीं, न पाण्डवायन है। वह अपना है सो है और उसका हरएक के चित्त पर असर होता है। उत्तम साहित्यिक और कवि सामनेवाले के चित्त पर असर डालेगा और असर डालते हुए गुण-वृद्धि करेगा।

दुर्योधन पर भीम गदा प्रहार करता है। मरते-मरते दुर्योधन कहता है, "ज़िन्दगीभर तेरे सामने मैंने सिर नहीं झुकाया है। धन्य है मेरा जीवन!" और वह मर गया! वहाँ कृष्ण, युधिष्ठिर और अर्जुन खड़े हैं और उनके सामने उसके ये उद्‌गार निकले हैं। इस पर व्यास 'कमेंट'—राय नहीं प्रकट करते। उन्होंने इतना ही लिखा है कि यह सुनकर आकाश से देवताओं ने पुष्पवृष्टि की। यह पढ़कर आपकी सहानुभूति दुर्योधन की तरफ़ जाती है। कुछ प्रसंगों में दुर्योधन की तरफ़ तो कुछ प्रसंगों में दूसरों की तरफ़ आपकी सहानुभूति जाती है। यानी व्यास ने विश्व में जहाँ-जहाँ गुण हैं वहाँ-वहाँ से लेकर चित्र खड़े किये हैं। महाभारत का नाम ही है 'गुण-समूह'। व्यास हरएक के दोष भी बतायेंगे। ऐसा पुरुष सामने नहीं रखेंगे, जो केवल गुणमय है या जो केवल दोषमय है। दुर्योधन के गुण भी बतायेंगे और युधिष्ठिर के दोष भी बतायेंगे। जब जहाँ दोष है, चाहे थोड़ा-सा है—वह किसी महापुरुष में है, तो वह भी बतायेंगे और छोटे के गुण भी बतायेंगे। इस तरह जगह-जगह उपदेश दिया है, लेकिन अप्रत्यक्षरूप में, प्रत्यक्ष उपदेश नहीं दिया है।

महाभारत में व्यास नाम का एक पात्र बीच-बीच में दख़ल देता है। लेकिन जिन्होंने महाभारत लिखा उन व्यास ने केवल महाभारत के अन्त में तीन श्लोक लिखे, जिसे भारत-सावित्री कहते हैं। पाण्डवों के गुण-दोषों का तटस्थता से वर्णन किया है। और ख़ुद के बारे में जो वर्णन किया है वह

भी एकदम खुला (नंगा) वर्णन किया है। अपनी उत्पत्ति कैसे हुई, ख़ुद से क्या-क्या दोष हुए, उन्हें गुण समझकर अमल में कैसे लाये और फिर पछतावा कैसे हुआ आदि सारा वर्णन किया है। मुझे लगता है सत्य का प्रयोग करनेवाला शायद ही कोई ऐसा निकला हो! अपने जीवन का वह वर्णन है ऐसा उन्होंने माना ही नहीं। कोई अलग, दूसरे ही आदमी का वर्णन करें, ऐसा खुला वर्णन लोगों के सामने रख दिया! लोग कहते हैं ये ज्ञानी थे तो ऐसे कैसे बरताव किया? मैं कहता हूँ वे ऐसे बरते इसलिए ज्ञानी नहीं थे, तो ऐसा बरता यह बता सके इसलिए ज्ञानी हैं।

साहित्यिक की दृष्टि संन्यस्त होती है। वह सबका नाम ले सकता है, लेकिन सबसे अलग रहेगा। यह केवल व्यास को सधा था। व्यास से बढ़कर अधिक कलावान साहित्यिक मैंने नहीं देखा। रामायण में भी कला है लेकिन वह सब प्रकार से प्रकट है। महाभारत में ऐसा नहीं। कोई अन्दाज़ा नहीं लगा सकता कि कृष्ण कब क्या आदेश देंगे? कौन कह सकता है कि धर्मराज मौक़े पर झूठ बोलेंगे? जगह-जगह पात्रों से ऐसी कृतियाँ करायी हैं कि उनका अन्दाज़ा नहीं हो सकता। अत्यन्त प्रौढ़ पात्र अत्यन्त दीन होते हैं, और अत्यन्त दीन पात्र अचानक प्रौढ़ होते हैं। गुणवान मौक़े पर अवगुणी होता है और अवगुणी गुणवान होता है। भरोसे लायक कौन है? प्रतिज्ञा करके तोड़नेवाले भी हैं।

महाभारत को हमने इतिहास नाम दिया है। एक महाभारत पढ़ लिया तो दूसरा कोई इतिहास पढ़ने की ज़रूरत नहीं रहती। इतना व्यापक समाजशास्त्र अनुभव के आधार पर उसमें लिखा गया है। वह कोई घटनाओं पर आधारित इतिहास नहीं है, बल्कि सनातन इतिहास है। उसमें व्यास भगवान ने, उसके आदि और अन्त में कहा है कि इतिहासप्रदीपेन मोहावरणघातिना— मोहावरण को दूर करने के लिए मैं यह इतिहास-प्रदीप जला रहा हूँ। सनातन इतिहास, जो मनुष्य के हृदय में जल रहा है, वह सारा, परिणाम के साथ उसमें बता दिया गया है। उस युद्ध में दोनों तरफ़ महापुरुष थे, तिस पर भी युद्ध में अंकुश नहीं रहा। उस युद्ध से कौरव ख़त्म हुए, पाण्डव भी ख़त्म हुए, इतने से ही वह युद्ध पूरा नहीं हुआ। जब यादव भी ख़त्म हुए, तब वह पूरा हुआ। इस तरह उस युद्ध से सिवाय ख़ात्मे के कुछ नहीं हुआ। उसमें जो जीते और जो हारे, दोनों का ख़ात्मा हुआ। उनमें से कोई भी नहीं बचा। उसी के बीच में गीता जैसा महान् तत्त्वज्ञान कहा गया है।

उसमें यह बात बतायी गयी है कि शक्ति के पीछे लगने से मनुष्य का कल्याण नहीं होता।

हिंसा में जो दोष है, उसमें मूलभूत दोष यह है कि हिंसा में अपने पर मर्यादा डालने की अक़्ल नहीं है। हिंसा पर मर्यादा रखने के प्रयोग होते रहे हैं। हिंसा को अपरिहार्य समझकर जिन्होंने ऐसी मर्यादा मानी है, उन्होंने ऐसे प्रयोग कई दफ़ा किये हैं। महाभारत में हम देखते हैं कि युद्ध के क़ानून बनाये गये थे फिर भी युद्ध के समय वे क़ानून तोड़े गये। यद्यपि क़ानून बनानेवालों में दोनों तरफ़ धुरन्धर न्याय-नीति-निपुण पुरुष थे। इस तरफ़ भीष्म, द्रोण जैसे थे और उस तरफ़ धर्मराज और अर्जुन जैसे थे और बीच में भगवान श्रीकृष्ण थे। उन सबने मिलकर कुछ नियम मान्य किये, जो उनके पूर्वजों ने निश्चित किये थे। लेकिन मौक़े पर इन मर्यादाओं का पालन भी वे नहीं करते थे। एक नियम था कि गदा-युद्ध में कमर के नीचे प्रहार नहीं करना चाहिए, परन्तु युद्ध के समय वैसा प्रहार किया गया। एक सज्जन ने ही वैसा प्रहार किया, दूसरे सज्जन ने उसका समर्थन किया। यह माना गया कि उसके बिना जय नहीं प्राप्त हो सकती थी। इसलिए वह क़ैद मान लेना मूर्खता थी, ऐसा उसके समर्थकों ने कहा है। इसी तरह अकेले पर प्रहार न करें, रात को लड़ाई न लड़ें, ऐसे पचासों नियम बनाये गये थे और वे पचासों नियम तोड़े गये।

महाभारत मुख्यतया कर्मयोगप्रधान है। मुख्यतया इसलिए कहता हूँ कि महाभारत इतना विशाल ग्रन्थ है कि उसमें क्या नहीं है, यही सवाल है। व्यास भगवान ने कहा है कि जो इस ग्रन्थ में है, वह दूसरे ग्रन्थ में भी है। और जो इसमें नहीं है, वह दूसरे ग्रन्थ में नहीं है। इसलिए कहा कि प्राधान्येन कर्मयोग है।

महाभारत के साथ हरिवंश जुड़ा है। भारत में सबसे बड़ा ग्रन्थ है महाभारत। उसमें एक लाख श्लोक हैं। उसका एक परिशिष्ट कृष्ण-चरित्र पर है। वही हरिवंश है। उसके २० हज़ार श्लोक हैं। यानी महाभारत के श्लोक सवा लाख हुए। भारत में पाण्डव-कृष्ण-चरित्र है। लेकिन भगवान का चरित्र प्रामुख्य से नहीं है। इसलिए परिशिष्ट में पूरा हरिवंश लिखा गया।

कालिदास

जीवननिष्ठा और साहित्य, दोनों एकरूप होने चाहिए। कालिदास ने वाणी और अर्थ को पार्वती और परमेश्वर की उपमा दी है—

> वागर्थाविव सम्पृक्तौ वागर्थप्रतिपत्तये
> जगतः पितरौ वन्दे पार्वतीपरमेश्वरौ (रघुवंश)

(वाक् और अर्थ के ज्ञान के लिए मैं जगत् के माता-पिता पार्वती-परमेश्वर की—जो कि वाक् और अर्थ की तरह एकरूप हो गये हैं—वन्दना करता हूँ) 'पार्वती-परमेश्वरौ' (पार्वती और शिवजी) + पार्वतीप-रमेश्वरौ (शिवजी और विष्णु)। यह संस्कृत की ख़ूबी है। बड़ी समर्थ भाषा है।

रघुवंश के राजा कैसे व्यवहार करते थे इसका कालिदास ने वर्णन किया है। कहा है कि वे सत्य पालन के लिए मौन रखते थे—सत्याय मितभाषिणाम्। क्योंकि जो अमितभाषी है, बेहिसाब बोलता है वह सत्य की फ़िक्र करता होगा ऐसा मान नहीं सकते। उसे बहुधा सत्य रक्षण का भान नहीं रहता। इसलिए सत्य-रक्षा के लिए नपे-तुले शब्द बोलने चाहिए।

सत्य के लिए मित बोलने की आदत डालनी चाहिए। बहुत ज़्यादा बोलनेवालों में असत्य छिपा हुआ रहता है। पर कालिदास का नियम माननेवाले मितभाषियों में भी असत्य रह सकता है। कई मुत्सद्दी मितभाषी होते हैं। कुल मिलाकर अर्थ यह हुआ कि सत्यनारायण की निरन्तर उपासना करनी पड़ती है। अतिशयोक्ति, अल्पोक्ति आदि दोष सदा मनुष्य से हो जाते हैं।

लोग कालिदास का रघुवंश पढ़ते हैं, लेकिन उसमें से रामचरित्र अलग करके नहीं पढ़ते। वैसा पढ़ेंगे तो कालिदास की कला का दर्शन होगा।

वाल्मीकि के विस्तार को छोड़कर उसने युक्ति से राम के मुख से रामायण कहलायी है। रावणवध के बाद सीता और राम पुष्पक विमान से अयोध्या लौट रहे हैं। मार्ग में जहाँ-जहाँ जो-जो घटनायें घटी थीं उन स्थानों को विमान में से ही राम निजमुख से सारा सीता को निवेदन कर रहे हैं और सीता वह सुन रही हैं—ऐसी रचना की है।

कालिदास का एक वचन, रघुवंश के राजाओं का वर्णन करनेवाला, सर्व-विश्रुत है—

शैशवेऽभ्यस्तविद्यानां, यौवने विषयैषिणाम्
वार्धक्ये मुनिवृत्तीनां, योगेनान्ते तनुत्यजाम्

—शैशव में वे आत्मविद्या, ब्रह्मविद्या का अभ्यास करते थे। यौवन में पराक्रम की आकांक्षा रखते थे। वार्धक्य यानी वृद्धावस्था में वे मुनिवृत्ति से रहते थे और अन्त में योग से तनुत्याग करनेवाले थे। जो अन्त में योगपूर्वक शरीर का त्याग करता है उसकी मृत्यु शोचनीय नहीं मानी जायेगी। उत्तम ही मानी जायेगी।

इसमें 'विषयैषिणाम्' का अर्थ प्रान्त, नया प्रदेश जीतना; पराक्रम करना ऐसा मैंने किया है। यह नया अर्थ है। सामान्यतया कामनाविषय लेकर यौवन में विषय-वासना रखनेवाले ऐसा अर्थ किया जाता है। यौवन में विषयसेवन तो दुनियाभर में चला ही है, फिर रघुराजाओं की विशेषता क्या रही ? इसलिए पराक्रम की आकांक्षा ऐसा अर्थ ही लेना होगा।

'विषय' शब्द का संस्कृत में 'प्रदेश' ऐसा भी अर्थ होता है, इसमें सन्देह नहीं। लेकिन सदा का अर्थ छोड़ यह अर्थ लेने की क्या ज़रूरत ? ज़रूरत इसलिए पड़ी कि सदा का चालू अर्थ कालिदास ने किये रघुराजाओं के वर्णन से भिन्न पड़ता है और वैदिक संस्कृति के भी विरोध में जाता है। कालिदास वैदिक संस्कृति का प्रतिनिधि है यह तो सभी को मान्य है। अब ये दोनों मुद्दे देखेंगे।

(१) रघुराजाओं के चालू वर्णन में प्रजायै गृहमेधिनाम् ऐसा भी कालिदास ने कहा है। केवल सन्तान हेतु से ही गृहस्थाश्रमरूपी यज्ञ रघुराजा करते थे, ऐसा इस वाक्य का स्पष्ट, निश्चित अर्थ है। 'गृहमेधिन्' यानी गृहयाजी यह शब्द गृहस्थ का पावित्र्य सुझाने के लिए, हेतुपूर्वक प्रयुक्त किया है। उस वर्णन से विषय-वासना का मेल नहीं बैठता। गृहस्थाश्रम प्रजया न

रत्या यानी विषय-वासना के लिए न होकर सन्तानार्थ है ऐसी शास्त्रमर्यादा है। इससे उलटे 'प्रदेश जीतने की इच्छा' इस अर्थ के अनुरूप रघु के दिग्विजय का वर्णन आगे कालिदास ने किया है। वह इतना स्पष्ट है कि किसी भी वाचक के चित्त पर उसकी छाप पड़े बिना नहीं रहती।

(२) वैदिक विधि भी ऐसी ही है। विद्यार्थी गुरुगृह से अध्ययन समाप्त कर जब गृहस्थाश्रम को स्वीकार करना चाहता है तब उसका समावर्तन किया जाता है। समावर्तन यानी प्रथम आश्रम की पूर्णता या दीक्षान्तविधि अथवा नये आश्रम-प्रवेश की इज़ाज़त। समावर्तन विधि में ऋग्वेद का निम्न मन्त्र बोला जाता है—

ममाग्ने वर्चो विहवेष्वस्तु वयं त्वा इंधानाः तन्वं पुषेम
मह्यं नमन्तां प्रदिशश्चतस्रः त्वयाध्यक्षेण पृतना जयेम।
(ऋसा १०.१८.१०)

ऋग्वेद के दशम मण्डल में यह मन्त्र है। इस सूक्त को 'विहवीय' सूक्त यानी 'युद्ध के लिए पुकारनेवाला सूक्त' ऐसा नाम है। इस मन्त्र का भावार्थ है—हे अग्निदेव! युद्ध में मेरा तेज प्रकट हो। तुम्हारी ज्वाला प्रज्वलित कर त्याग की दीक्षा लेनेवाले हम परिपुष्ट होवें। चारों दिशाएँ मेरे सामने झुकें। तुम्हारे साक्षित्व से हम सेना जीतेंगे।

युद्ध का आवाहन करनेवाले सूक्त का यह मन्त्र समावर्तन का मन्त्र माना जाता है, यह बात कालिदास कैसे भूल सकता है? एक ओर रघु की आँखों के सामने दीखनेवाली दिग्विजय और दूसरी बाजू गृहस्थाश्रम-प्रवेश करा देनेवाला यह रण-मन्त्र! इन दोनों की पकड़ में आया कोई भी सामान्य कवि जो मूर्खता नहीं कर सकेगा, वह कालिदास जैसा प्रतिभावान कवि कैसे करेगा?

इसलिए 'विषयैषिन्' यानी 'प्रदेश जीतने की आकांक्षा रखनेवाला' ऐसा अर्थ सहज सूझता है। दूसरा कोई भी अर्थ ठीक लगता नहीं। 'प्रदेश जीतने की इच्छा' का अर्थ लक्षणा से करना होगा यह स्पष्ट ही है। यद्यपि इसका अक्षरार्थ क्षत्रियों को लागू हो, तो भी व्यापकरूप से वह सबको लागू होने के लिए, उसका अर्थ 'पराक्रम के क्षेत्र जीतने की इच्छा' ऐसा लेना होगा। उपरोक्त वैदिक मन्त्र का अर्थ भी लक्षणा से व्यापक करके लेना है। अन्यथा वह मन्त्र केवल क्षत्रियों के समावर्तन को ही लागू होगा। लेकिन

वह सबके समावर्तन के लिए बोला जाता है। पराक्रम के क्षेत्र अनेक प्रकार के होते हैं। अनेक युद्धभूमियों पर अनेकविध लड़ाइयाँ लड़नी पड़ती हैं। लेकिन सर्वत्र पराक्रम का स्वरूप एक-सा ही होता है। विद्या-प्रसार का क्षेत्र, देशरक्षण का क्षेत्र, अन्नोत्पादन का क्षेत्र, दुखितों की सेवा का क्षेत्र—ये सारे तरुणों के लिए तैयार रणक्षेत्र हैं। हर कोई अपनी वृत्ति के अनुसार अपना क्षेत्र चुन ले। उसमें पराक्रम दिखाना है, तेज कायम रखना है, वर्चस्व प्राप्त करना है। ख़ुद न झुकते हुए दिशाओं को झुकाना है। इसके लिए विहवीय मन्त्र जपते-जपते यौवन में प्रवेश करना है। वेद की इस सिखावन के अनुसार मैं कालिदास के यौवने विषयैषिणाम् का अर्थ करता हूँ।

दिलीप राजा

कालिदास हिन्दू संस्कृति का अप्रतिम प्रतिनिधि है। उसने हमारे सामने गोसेवा का कितना सुन्दर आदर्श पेश किया है। महाराज दिलीप ऋषि के आश्रम में रहने को आते हैं। ऋषि उन्हें गाय की सेवा का काम देते हैं, क्योंकि आश्रम में कोई बिना सेवा के रह ही नहीं सकता। आश्रम तो सेवा की ही भूमि है। वे गोसेवा का काम कितनी लगन से करते हैं? उसकी कैसी सेवा-टहल करते हैं? उसके पीछे-पीछे कैसे रहते हैं? इसका सुन्दर चित्र रघुवंश में एक श्लोक में यों खींचा है—

> स्थितः स्थितामुच्चलितः प्रयातां, निषेदुषीमासनबंधधीरः।
> जलाभिलाषी जलमाददानां, छायेव तां भूपतिरन्वगच्छेत्॥

—शरीर की छाया की नाईं राजा गाय का अनुचर बन गया था। जब वह गाय खड़ी होती थी, तब वह भी खड़ा हो जाता था। जब वह चलती, तो वह भी चलता; वह बैठ जाती, तब वह बैठता; वह पानी पीती, तभी वह भी पानी पीता; गाय को खिलाये-पिलाये बिना ख़ुद खाता-पीता नहीं था।

एक बार उस गाय को सिंह ने पकड़ा। तो दिलीप राजा ने सिंह से उस गाय को छोड़कर ख़ुद को खाने के लिए कहा। तब सिंह कहता है, तू क्यों मर रहा है एक गाय के वास्ते? तुम राजा हो, तुम्हें ऐसी कितनी ही गायें मिल सकती हैं। अल्पस्य हेतोर्बहु हातुमिच्छन्, विचारमूढः प्रतिभासि मे त्वम्—एक छोटी-सी गाय के लिए अपना बहुत-कुछ छोड़ने के लिए तैयार हो

गये हो? तुम विचार-मूढ़ दीख रहे हो। तो राजा ने कहा कि नहीं भाई, मैं इसको नहीं छोड़ूँगा।

तो दिलीप मनुष्य है। वह गाय के रक्षण में बहुत-कुछ देख रहा है। वह क्रान्तदर्शी मनुष्य है। वह जानता है कि इस छोटी-सी गाय के रक्षण में ऋषिप्रसाद भरा है। यह बहुत बड़ी चीज़ है। उसके लिए मैं मर-मिट सकता हूँ। वह गाय में क्रान्तदर्शन कर रहा है।

कालिदास ने कहा है षष्ठांशमुर्व्या इव रक्षितायाः (२.६६)। छठा देते-देते आख़िर सर्वस्व दिया जायेगा। जो सर्वस्व देता है, वही सम्राट् होता है।

कालिदास कहता है—दशरथ को कौन-से व्यसन नहीं थे? न मृगयाभिरतिः—शिकार के लिए नहीं जाता था न दुरोदरम्—जुआ नहीं खेलता था। न च शशिप्रतिमाभरणं मधु—शराब नहीं पीता था। सुन्दर प्याला है, उसमें चन्द्र का प्रतिबिम्ब पड़ा है, ऐसी शराब भी उसे पसन्द नहीं थी। तमुदयाय न वा नवयौवना, प्रियतमा यतमानमपाहरत्—नवयौवना का उसे आकर्षण नहीं था। यानी व्यभिचार नहीं करता था। अब ये व्यसन उसे नहीं थे यानी क्या? किसी बड़े व्यक्ति का इस तरह वर्णन करने का मतलब होता है, दूसरों को ये व्यसन थे। ये सारे व्यसन पहले भी थे। आज ही समाज बिगड़ा है ऐसा नहीं। अर्थात् व्यसन-निराकरण का बहुत बड़ा काम पड़ा है।

अगर केवल शारीरिक शौर्य ही हम अपने लिए आधार मानें तो जैसे कालिदास ने कहा है, शौर्यं श्वापदचेष्टितम्—वह एक श्वापद-चेष्टा हो जायेगी। और ऐसा बाह्य शौर्य, जो बुद्धि-विहीन, ध्येय-विहीन, मर्यादा-विहीन और अंकुश-विहीन है, आज के ज़माने में सफल नहीं हो सकता।

कवि कालिदास रघुवंश लिखने जा रहा है। कहता है रघुओं का महान वंश! इतना ऊँचा वंश! मैं इतना ठिंगना, छोटा-सा आदमी हूँ और वह वृक्ष अत्यन्त ऊँचा है! प्रांशुलभ्ये फले लोभात् उद्बाहुर् इव वामनः। जो फल 'प्रांशुलभ्य' है, ऊँचे आदमी को ही प्राप्त हो सकता है, मैं ठिंगना मनुष्य उसे लेने जाऊँ तो मिलेगा नहीं। कौन-सा फल? नारियल! वह प्रयत्न जितना हास्यास्पद होगा, उतना ही मेरा रघुवंश का वर्णन करना हास्यास्पद होगा! विष्णुसहस्रनाम में उपेंद्रो वामनः प्रांशुः ऐसे दो परस्पर-विरोधी नाम हैं। उनमें से प्रांशु और वामन उठाकर कालिदास ने काव्य बनाया।

कालिदास ने कहा है—क्लेश: फलेन हि पुनर्नवतां विधत्ते। तपस्या जिसका स्वभाव हो जाता है, उससे नयी-नयी खोजें निकलती हैं। जो बीज हमने बोया, उसमें फल-फूल आते हैं और उसी फल के अन्दर नया बीज बनता है। इसी तरह एक तपस्या जो तेज़स्वी होती है, उसमें से नयी तपस्या फलित होती है। 'नवतां विधत्ते'—नूतन जन्म होता है। नव-नव शक्ति का निर्माण होता है।

वीर पुरुष जब पराक्रम का काम करता है और उसमें सफलता मिलती है, तब दूसरा काम शुरू कर देता है। जहाँ एक पुरुषार्थ समाप्त हुआ वहाँ वह अपने को कृतकृत्य नहीं मानता बल्कि दूसरे पुरुषार्थ का आरम्भ करता है। ऐसी भावना वीर पुरुषों के हृदय में रहती है। एक तपस्या पूरी हुई तो दूसरी के लिए वे उत्साहित होते हैं।

जहाँ एक तपस्या पूरी होती है, उसका फल दीखना शुरू होता है, वहाँ दूसरी शुरू होनी चाहिए। क्लेश के बाद फल मिलता है, तो दूसरा क्लेश शुरू होना चाहिए, तभी वह सच्चा साधक सिद्ध होगा।

जो भक्त होते हैं, वे एक क्लेश समाप्त होते ही नये क्लेश का आरम्भ करते हैं। नये क्लेश का आरम्भ करने का मतलब है, नये आनन्द का आरम्भ करना। तप से आनन्द और निर्मिति होती है। हम लोगों को स्वराज्य के नाम से तपस्या करने का एक दफ़ा मौक़ा मिला था और अब दुबारा 'सर्वोदय' के नाम से तपस्या करने का मौक़ा मिला है, इसलिए हम बड़े भाग्यवान हैं।

आज की राजनीति तो सत्ता के ज़रिये समाज पर कुल चीज़ें लादने की कोशिश करती है। 'वेलफेअर स्टेट' (कल्याणकारी राज्य) से तो भयानक कोई राज्य ही नहीं हो सकता। दीखने में तो यह बड़ा सुन्दर विचार दीखता है। कहा जाता है कि "पुरानी स्टेट केवल पुलिस स्टेट थी, वह केवल रक्षण की चिन्ता करती थी और कुछ नहीं। सारा काम समाज ही करता था। अब वह पुरानी सरकार गयी और नयी सरकार आयी, जो समाज के कल्याण की चिन्ता करती है।" पर कल्याणकारी राज्य की कल्पना भी नयी तो नहीं है। कालिदास ने रघुवंश में एक राजा के राज्य का वर्णन किया, जो आदर्श 'वेलफेअर स्टेट' का वर्णन है—प्रजानां विनयाधानाद् रक्षणात् भरणादपि। वह राजा प्रजा का रक्षण, पालन-पोषण सभी करता

था। इसलिए स पिता—वही एक पिता था। पितरस्तासां केवलं जन्महेतवः—बाक़ी सारे बाप केवल जन्म देनेवाले थे, वे केवल सन्तान निर्मिति के लिए थे। और कोई काम माता-पिता के लिए, नागरिकों के लिए रहा ही नहीं था। बाक़ी सब काम डेलीगेट्स (प्रतिनिधि) ही करते थे। यह वर्णन करनेवाला कवि दीर्घ-दर्शी था। दो हज़ार साल पहले उसने लिख रखा है। हम तो कालिदास का यह श्लोक पढ़कर बिलकुल घबड़ा गये। अगर ऐसी स्टेट हो तो वह बड़ी भयानक कल्पना है। जिसमें जनता के जीवन को सब तरह से कसकर बाँधा जाता है, उसमें जनता को स्वतन्त्र रीति से कुछ भी काम करना नहीं होता। देश के हर काम के लिए सरकार की तरफ़ से ही प्लान बनता है। समाज-सुधार, खेती-सुधार, वस्त्र, शिक्षण देना, साहित्यिकों को बढ़ावा देना, उद्योगों के बारे में नीति तय करना, रक्षण आदि सब सरकार करेगी और लोग रक्ष्य बनेंगे। यह बिलकुल जड़ दशा है, यह तो भेड़ों की अवस्था है।

रघुवंश में दिलीप, रघु, दशरथ आदि राजाओं का वर्णन कर फिर रामचरित्र गाया है। और आख़िरी राजा क्षय से मरा तथा वहाँ वंश ख़त्म हुआ ऐसा बताया है।

एक भाई ने कहा, ''कालिदास ने अज-विलाप नाम का कितना सुन्दर काव्य लिखा है?'' जब मैंने पूछा कि ''इसमें क्या सौन्दर्य है?'' तो उसने कहा—''उसे सुनकर एकदम आँखों में आँसू आ जाते हैं।'' मैंने कहा—''मान लो किसी माँ का बच्चा मर जाये और वह विलाप करे, तो क्या उस विलाप में कालिदास के विलाप से अधिक शक्ति नहीं है या उससे हमारी आँख में आँसू नहीं आयेंगे?'' फिर कालिदास के विलाप की ही क्या विशेषता है? माँ पुत्र के विलाप में इतनी तन्मय हो जाती है कि उसे कालिदास जैसा मरणं प्रकृतिः शरीरिणाम्, विकृतिर् जीवितमुच्यते बुधैः यह नहीं सूझता। मरण को जीवन की विकृति मानने से दुख होता है। दुख तो जीवन में होता ही है लेकिन उसका आरोप मरण पर किया जाता है। मरण कोई आपत्ति नहीं है। वह तो दुख से मुक्त करानेवाली वस्तु है। 'मरणं प्रकृतिः शरीरिणाम्' यह जो निष्कर्ष कालिदास ने निकाला, वह कोई दुखी या वियोगी जीव के विलाप जैसा नहीं। यही कालिदास की विशेषता है।

कालिदास ने कहा है, राजा प्रकृति-रंजनात्—प्रजा का रंजन करनेवाला

वह राजा। रंजन करनेवाले सेवक-ऋषि को राजर्षि कहते हैं; क्योंकि पहले राजाओं के द्वारा सेवा होती थी।

कालिदास ने वर्णन किया है, जब रामचन्द्रजी ने सीताजी का त्याग कर उसे वन में छोड़ दिया तब गंगानदी की लहरें ऊँची उठकर अपना दुख, अपना निषेध प्रकट करने लगीं। मनुष्य के पाप-पुण्य या मानसिक भावों के साथ बाह्य सृष्टि में फ़रक़ आता है—उस पर परिणाम होता है। यह श्रद्धा कवियों में दिखायी देती है। हम उसे पढ़ते हैं और उससे आनन्द भी लूटते हैं। और साथ-साथ यह भी कहते हैं कि इस श्रद्धा को मानने में बुद्धिहीनता है, मतलब वह श्रद्धा असत्य है। जो केवल वैज्ञानिक ही होगा वह ऐसे काव्यों की आलोचना करेगा—और अभी ऐसा एक प्रवाह भी है कि विज्ञानवृद्धि के साथ काव्य घटता जायेगा।

कालिदास के शाकुन्तल में आया है कि राजा दुष्यन्त शिकार खेलते हुए कण्वमुनि के आश्रम के पास चले आये और एक हिरन को मारने के लिए धनुष ताना। इस पर आश्रम का एक छोटा-सा बालक कहता है—आश्रममृगोऽयं न हन्तव्यो न हन्तव्यः—यह आश्रम का मृग है इसे मत मारो। यह एक प्रसिद्ध वाक्य है। जिसे सुनकर राजा एकदम रुक जाता है। कालिदास ने चित्र खींचा है—आश्रम का नन्हा-सा बालक एक चक्रवर्ती सम्राट को रोककर कह रहा है यहाँ तुम्हारी नहीं चलेगी। यह है भारत की संस्कृति, जहाँ एक ऋषिकुमार राजा को रोकता है और एक सत्ताधीश रुक जाता है।

'यह आश्रममृग है, इसको मत मारो'—यह बोलनेवाला जो बालक था, वह बालक नहीं था। वह मानव-हृदय बोल रहा था। जहाँ मानव-हृदय क्षुब्ध होकर खड़ा हो जाता है, वहाँ बादशाह भी रुक जाता है।

शस्त्रों को सीमित करने के लिए, सब लोगों के पास शस्त्र होने से हिंसा शक्ति बढ़ती है वह न बढ़े इसलिए, केवल क्षत्रिय के हाथ में शस्त्र रखा। और वह भी आर्त त्राणाय ऐसा कालिदास कहता है यानी आर्त की मदद के लिए, रक्षण के लिए। हिंसा का क्षेत्र सीमित करने के लिए ब्राह्मणादि शस्त्र न रखें ऐसा था।

अनेक गुणों में एकआध दोष सहज ही विलीन हो जाता है, बल्कि उसके कारण गुणसमूह और भी सुशोभित हो उठता है, इस अर्थ का कालिदास

का एक वाक्य है—एको हि दोषो गुणसन्निपाते निमज्जतीन्दोः किरणेष्विवांकः (कुमारसम्भव १.३)। परन्तु इसके विपरीत एकआध उत्कट गुण में भी सारा दोषसमूह छिप सकता है। उत्कट गुण की इतनी बड़ी महत्ता है।

वाल्मीकि जंगल है तो कालिदास एक छोटा-सा उद्यान है। अच्छा सुन्दर बनाया हुआ, परन्तु उद्यान है। वह दरबारी कवियों का उत्तम नमूना है। फिर भी वह काफ़ी स्वतन्त्र वृत्ति का कवि था। उन दिनों कवियों को राज्याश्रय दिया जाता था और कवियों का काफ़ी आदर होता था। पर कवि आश्रित नहीं माना जाता था, बल्कि आश्रय देनेवाला ही माना जाता था। कवि हमारे पास रहता है, इसी का लोग उपकार मानते थे।

जंगल में राम-लक्ष्मण, विश्वामित्र के पीछे-पीछे थोड़े फ़ासले पर रहकर चलते थे। कालिदास को उसके लिए उपमा सूझी कि जैसे आकाश में ब्रह्मदेव के पीछे-पीछे अश्विनीकुमार जा रहे हैं, वैसे विश्वामित्र के पीछे-पीछे राम-लक्ष्मण जा रहे हैं।

कालिदास ने एक बड़ा सुन्दर श्लोक लिखा है कि बड़े-बड़े राजा मरते हैं, तो अपना कीर्ति-स्तम्भ खड़ा करते हैं। हमारे यहाँ माना जाता है कि हनुमान और विभीषण दोनों चिरंजीव हैं। कालिदास ने लिखा कि रामजी ने अपने पीछे दो चिरंजीव कीर्ति-स्तम्भ खड़े किये—हनुमान और विभीषण।

देवर्षि रवीन्द्रनाथ

संस्कृत भाषा में ऋषि के तीन प्रकार वर्णित हैं—१. ब्रह्मर्षि, २. राजर्षि, ३. देवर्षि। समाज का काम आगे बढ़ाने के लिए इन तीनों की आवश्यकता है। ब्रह्मर्षि का काम शास्त्र का विकास करना है। समाज-सेवा करना राजर्षि का काम है और कला का विकास करना देवर्षि का काम है। वह साहित्यिक, कवि, संगीतज्ञ, कलाकार होता है। वह न ब्रह्मर्षि की तरह ब्रह्म की खोज करना जानता है, न कर्मयोग में अपने को लगाता है, किन्तु भगवान का गुणगानमात्र करता रहता है। वैसे तो भगवान अरूप और अनाम हैं, पर देवर्षि उनका रूप-दर्शन कराते हैं, नाम-गान गाते हैं। रवीन्द्रनाथ इस ज़माने के देवर्षि थे।

क्रान्तदर्शी रवीन्द्रनाथ

कवि का अर्थ है—क्रान्तदर्शी, दूर का देखनेवाला, दूरदर्शी। रवीन्द्रनाथ क्रान्तदर्शी कवि थे। उन्होंने जो कुछ लिखा, वह सारा प्रायः बंगाल की पृष्ठभूमि में ही लिखा है। साहित्य और प्रकृति का घनिष्ठ सम्बन्ध है। रवीन्द्रनाथ का सम्पर्क पूर्व-बंगाल की प्रकृति से आया। इसलिए उनके साहित्य पर पूर्व-बंगाल का अधिक असर है। लेकिन उनकी दृष्टि विश्वव्यापक है। इसीलिए उनका साहित्य सम्पूर्ण दुनिया में लोकप्रिय है। आज वह जितना पढ़ा जाता है, उससे कई गुना अधिक भविष्य में पढ़ा जायेगा, क्योंकि वह काल की सीमाओं में बद्ध नहीं है। जिसका चित्त स्थान और काल की सीमाओं से बद्ध है, वह भले ही उस युग को कुछ प्रेरणा दे, तो भी वह प्रेरणा टिकेगी नहीं। लेकिन स्थान और काल के बन्धन से जिसका चित्त मुक्त है, वही साहित्यकार हो सकता है। उसका

मन स्थान एवं काल से ऊपर होता है। इसका यह मतलब नहीं कि वे स्थल या काल को पहचानते ही नहीं या उसके लिए उन्हें कुछ करना ही नहीं पड़ता। उन्हें स्थल-काल का दर्शन अवश्य होता है, फिर भी उनकी अन्तर्दृष्टि स्थल-कालातीत होती है।

विश्वाभिमुख निर्लिप्तता

श्रेष्ठ साहित्यकार मनुष्य का सूक्ष्मातिसूक्ष्म दर्शन पाने में सक्षम होते हैं, क्योंकि उनका अपना चित्त विकारमुक्त रहता है। यदि उनके अपने मन में कोई विकार रहा, तो वे दूसरे के चित्त को ठीक-ठीक नाप नहीं सकेंगे। जिन्हें समाज का ठीक दर्शन करना है, साक्षी बनना है, उन्हें प्रथम स्वयं विकारमुक्त बनना ही पड़ेगा। लेकिन अगर वे संसार-विमुख रहें, तो साहित्यकार नहीं बन सकेंगे। केवल निर्लिप्त ही हों, तो जीवन्मुक्त बन सकते हैं, साहित्यकार नहीं। साहित्यकार वे ही होंगे, जो संसाराभिमुख, विश्वाभिमुख होते हुए भी निर्लिप्त होंगे। मैं साहित्यकार की भूमिका को इसी तरह समझ पाया हूँ। रवीन्द्रनाथ इसके श्रेष्ठ उदाहरण हैं।

गुरुदेव के गीतों में विश्वव्यापक दृष्टि प्रकट हुई है। उनके सामने सारा विश्व-समाज है। ख़ासकर पूजा-विषयक जो गीत हैं, उनमें तो विश्व-समाज, विश्व-सभा, जगत्-सभा बनाने की ही बातें हैं। उनका जो स्थूल साहित्य है—नाटक, कला आदि पर उन्होंने जो लिखा है—उसकी बात करें तो लगता है कि आज के ज़माने में ऐसा बहुत-सा नया-नया साहित्य पैदा होता है, इसलिए पुराने ग्रन्थ ज़्यादा नहीं पढ़े जायेंगे। शेक्सपियर के नाटक भी आज ज़्यादा नहीं पढ़े जाते। आधुनिक साहित्य ही ज़्यादा पढ़ा जाता है। नये समाज की कहानियाँ नयी होंगी, तो कहाँ तक पुराना साहित्य पढ़ते रहेंगे? इस दृष्टि से, रवीन्द्रनाथ का साहित्य हज़ारों वर्षों तक लोग पढ़ते रहेंगे, ऐसा मानना आगामी समाज की प्रगति की कल्पना ही न रखने जैसा होगा। लेकिन उनके जो मूलभूत विचार उनके गीतों में प्रकट हुए हैं, वे लोगों को हमेशा ही ग्राह्य रहेंगे। विश्व-मानुषत्व की, विश्व-नागरिकत्व की दृष्टि उनके गीतों में प्रकट होती है, वह कायम रहेगी और हमेशा काम में आयेगी।

जागतिक दृष्टि से चिन्तन करनेवाले साहित्यिक सिमेंटिंग फैक्टर—जोड़नेवाली कड़ी की भूमिका ले सकते हैं। रवीन्द्रनाथ ऐसे साहित्यिक थे।

वे विश्व को जोड़ने की कड़ी हैं।

ऋषि बंकिम ने एक मन्त्र दिया—वन्दे मातरम्, जो सारे हिन्दुस्तान में फैल गया। आज भी वह मन्त्र सुनने को मिलता है। गुरुदेव कहते थे, तुम 'वन्दे मातरम्' बोलते हो, लेकिन 'वन्दे भ्रातरम्' नहीं बोलते। यानी उनके कहने का मतलब यह था कि आपस में लड़ते-झगड़ते रहते हैं और माता को वन्दन करते हैं। क्या कोई माँ यह पसन्द करेगी कि उसके बच्चे आपस में लड़ते रहें और उसका नाम भी लेते रहें? 'जय जगत्' में 'वन्दे भ्रातरम्' और 'वन्दे मातरम्' दोनों के भाव आ जाते हैं।

गुरुदेव का जो उदार विचार है, उसमें सारा विश्व सम्मिलित है, वे विश्व से कम बात करते ही नहीं। टुकड़े होने ही नहीं देते। वे आगे आनेवाले युग के अरुणोदयवाले कवि बनेंगे। सूर्योदयवाले कवि दूसरे होंगे, लेकिन विश्व-समाज बनाने के युग के अरुणोदय में उनकी गिनती होगी।

सामान्यतया जो देश ग़ुलाम होते हैं वहाँ ग़ुलामी की प्रतिक्रिया उठती है। लोगों में विद्रोह का भाव जागता है। वह भी एक प्रतिक्रिया ही है। लेकिन कई लोग उसके कारण दब जाते हैं और राज्यकर्ताओं का अनुकरण करना शुरू कर देते हैं। यह दूसरे तरह की प्रतिक्रिया हुई। लेकिन रवीन्द्रनाथ ने ऐसी ख़ूबी से काम किया कि वे दोनों प्रकार की प्रतिक्रिया से दूर रहे। मानो भारत की वर्तमान परिस्थिति से वे अत्यन्त अलिप्त ही हों! जब कभी उनकी तुलना की बात आती है तो मुझे उनका कार्य थोड़ा प्लेटो वग़ैरह के जैसा लगता है।

श्री-शान्ति के स्रष्टा

गुरुदेव का जीवन भावनामय, काव्यमय, सौन्दर्यमय और प्रेममय था। इसलिए उन्होंने 'शान्तिनिकेतन' के साथ-साथ 'श्री-निकेतन' की भी स्थापना की। उनका ख़याल था कि आगे की दुनिया में लोग शान्ति और समृद्धि की माँग करेंगे। जब आज़ादी नहीं थी, तब आज़ादी का मूल्य आया। अब शान्ति नहीं है, तो शान्ति का मूल्य आया है और समृद्धि की आवश्यकता है, तो समृद्धि का मूल्य आया है। शान्ति और समृद्धि दोनों मूल्यों को ध्यान में रखकर गुरुदेव ने शान्तिनिकेतन और श्री-निकेतन स्थापित किये।

आजकल को-एक्ज़ीस्टन्स (सहजीवन) शब्द चल पड़ा है। मतलब एक-दूसरे का अविरोध हो, एक की पुष्टि में दूसरे को 'तुष्टि' मालूम हो। इसके लिए यही उपाय होगा कि जो भी खाता है वह उत्पादक-श्रम, शरीर-परिश्रम करे। रवीन्द्रनाथ ने कहा था हम सब लोग डिवाइड करते हैं, मल्टिप्लाय नहीं। यानी सम्पत्ति का विभाजन तो करते हैं, खाते तो हैं, हर कोई सम्पत्ति को क्षीण करने में अपना योग दे रहा है; लेकिन सम्पत्ति की वृद्धि में, उसकी पैदावार में कोई भी योग नहीं देता। विद्यार्थी बेकार हैं, व्यापारी उत्पादन नहीं करते, पुलिस, भिक्षुक, योगी, संन्यासी, यति, भक्त, सरकारी नौकर, राजनीतिज्ञ, शिक्षक, डॉक्टर, वकील कोई भी उत्पादन में हिस्सा नहीं लेते। बीमार और बच्चों को तो अनुत्पादक जीवन बिताने का अधिकार है ही। तो बहुत थोड़े लोग रह जाते हैं जो उत्पादन का भार उठाते हैं।

भारतीय संस्कृति

रवीन्द्रनाथ ने एक सुन्दर मिसाल अपनी संस्कृति और पश्चिम की संस्कृति के लिए दी है। उन्होंने कहा है कि पश्चिम के लोग विज्ञान में काफ़ी आगे हैं। उसमें से लेने लायक हमारे लिए बहुत है। किन्तु उसमें विकृति का भी अंश पड़ा है, उसे 'संस्कृति' समझने की ग़लतफ़हमी हम न करें। दुनियाभर की संस्कृति लेनी चाहिए, पर अपने यहाँ की हो तो भी विकृति नहीं लेनी चाहिए। मिसाल उन्होंने दी है कि हिन्दुस्तान का मज़दूर दिनभर काम कर थकान आती है, तो शाम को भजन कर सो जाता है। पर यूरोप का मज़दूर दिनभर काम करता है और रात में थकान दूर करने के लिए शराब पीता है। यह यूरोप-अमेरिका की संस्कृति नहीं, विकृति है।

भारत की संस्कृति, वैश्वानर संस्कृति है। अर्थात् दुनिया में जितनी विविधता है, उतनी सब भारत में है। भारत यानी छोटे पैमाने का विश्व ही है। रवीन्द्रनाथ ने कहा है, भारत की संस्कृति सबको अपने में समा लेनेवाली संस्कृति है, वह शिव-शक्ति है। शिव और शक्ति, दोनों का समावेश कर लेने के कारण समावेशक संस्कृति है। इसलिए भारत का जो राष्ट्रवाद है, उसे अन्तरराष्ट्रीयवाद (इंटरनेशनलिज़्म) का स्वरूप दिया तो ही हम टिक सकेंगे। विचार में राष्ट्रवादी रहेंगे तो पिछड़ जायेंगे।

यहाँ जो पाश्चात्य शिक्षा आयी, उसके फलस्वरूप कुछ विषयों में हम

लोगों के विचार व्यापक हुए, तो कुछ विषयों में संकुचित भी हुए। इस शिक्षा से हमारे देश में 'राष्ट्रवाद' नामक एक नया ही पदार्थ आया और बड़ी धूमधाम से आया। इस नारे के साथ वह यहाँ आया कि 'हमारे देश में देशाभिमान नहीं था।' यह बहुत बड़ी न्यूनता है और उसकी यहाँ बड़ी ज़रूरत है। राष्ट्रवाद या देशाभिमान आने के बाद उसमें कितना भय है इस बारे में रविबाबू ने एक पुस्तक में लिखा है कि "हमारे देश में यह जो नया पदार्थ लाया गया है, वह सर्वथा निर्दोष नहीं है, उसमें दोष भी हैं।"

भारत की संस्कृति नागर है कि ग्रामीण ऐसी चर्चा चल रही थी, तब गुरुदेव ने उत्तर दिया कि हमारी संस्कृति आरण्यक है। हमारे देश के जो उत्तमोत्तम प्रवचन हुए वे कहाँ हुए? अरण्यों में। बृहदारण्यक! बृहद् यानी विशाल। विशाल अरण्य में बैठे हैं, खुले आकाश के नीचे बैठे हैं, चर्चा चल रही है तो बड़ा आनन्द आता है। इसलिए उन्होंने अपना स्थान, शान्तिनिकेतन जंगल के नज़दीक बनाया। इसमें शक नहीं कि आरण्यक संस्कृति शब्द बहुत ही महत्त्व का शब्द है। ऋषि अरण्यों में तपस्या करते थे, वहाँ पर उनको दर्शन होता था, वहाँ उनकी शिष्यों से चर्चा होती थी। रोम की नागर सभ्यता थी। कम्युनिस्ट लोग गाँवों की सभ्यता लाना चाहते हैं। परन्तु रवीन्द्रनाथ कहते हैं हमारी आरण्यक संस्कृति है।

गाँधीजी और रवीन्द्रनाथ

माना गया है कि गाँधीजी ने व्रतों पर ज़ोर दिया और रवीन्द्रनाथ ने नहीं दिया। ठीक भी है। गाँधीजी के आश्रम व्रतों के आधार पर चले। लेकिन एक बड़ी रोचक कहानी है। रवीन्द्रनाथ ने बचपन में नियम बनाया था कि दिन में सोयेंगे नहीं। साहित्य के क्षेत्र में उन्होंने कितना बड़ा पराक्रम किया! कितना लिखा! ऐसे व्यक्ति को आराम तो चाहिए। लेकिन दिन में वे सोते नहीं थे। उनके आश्रम में गाँधीजी गये। वे उम्र से बड़े थे। गाँधीजी ने उनको सुझाया, "दिन में आधा घण्टा आराम लें, तो अच्छा रहेगा।" रवीन्द्रनाथ ने कहा—"लेकिन मैंने नियम किया है—न सोने का। दिल नहीं कहता कि वह नियम तोड़ूँ।" गाँधीजी ने कहा, "ठीक है मत तोड़िए।"

बिहार के भूचाल के बारे में बापू ने कहा है कि मेरी श्रद्धा है कि भूचाल का सम्बन्ध हमारी अस्पृश्यता के पाप के साथ है, और इसलिए हम लोगों को चाहिए कि हम उस पाप को दूर करें। उस पर कविवर रवीन्द्रनाथ ने

आलोचना की है कि इस तरह के वाक्य से भ्रमवाद, भ्रमजाल पैदा होता है और बुद्धि में कमज़ोरी आती है, दुर्बलता आती है, जो मनुष्य को नीचे गिराती है, आदि। इस तरह इस विषय पर, दो बड़े विचारकों के परस्पर-विरुद्ध विचार हैं।

लेकिन रवीन्द्रनाथ के कहने का तात्पर्य भी समझ लेना चाहिए। उनके कहने का तात्पर्य यह है कि सृष्टि का और हमारा सम्बन्ध है, ऐसा मानने पर भी विशिष्ट घटना का विशिष्ट कृति के साथ सम्बन्ध है या विशिष्ट पाप से विशिष्ट घटना सृष्टि में हुई या होती है यह मानना अयोग्य है। इस प्रकार निश्चितरूप से कहना यानी ईश्वरी ज्ञान का दावा करना है और ऐसा दावा करना दम्भ है, नास्तिकता है।

लेकिन बापू ने ऐसा नहीं कहा है। उन्होंने कहा है कि "मेरी श्रद्धा है कि मनुष्य के पाप-पुण्यों का सृष्टि की घटनाओं से सम्बन्ध है और यह जो भूचाल हुआ है, उसका हमारे किसी पाप से सम्बन्ध होगा, ऐसा समझकर पाप दूर करने का, पवित्र होने का, अपनी शुद्धि करने का प्रयत्न करना चाहिए।" इस कथन में दम्भ नहीं, श्रद्धा है।

रवीन्द्रनाथ अपने ऊपर व्यर्थ का दबाव आने देनेवाले व्यक्ति नहीं थे। वे भारत के प्रहरी (सेंटिनल) थे। मैं जब शान्तिनिकेतन गया, तो उनके स्मरणमात्र से आँखों से धाराएँ बहने लगीं। उन्होंने भारत को कैसे-कैसे बचाया, इसका मुझे स्मरण हो आया। जब भी हमारा आन्दोलन उच्शृंखलता की ओर जाता, तब चाहे श्रीअरविन्द का मुक़ाबिला करना पड़ा हो या महात्मा गाँधी का, उन्होंने शान से किया और भारत को संकुचित देशाभिमान से मुक्त रखने की कोशिश की। इतने महान् थे वे! फिर भी बापू जैसा आदमी ज़िन्दा रहना चाहिए इस आसक्ति, मोह या मानवता (ह्यूमैनिटी) का उन्हें स्पर्श हुआ और उन्होंने उपवास की बात कबूल कर ली, जो उनकी बुद्धि को जँचती नहीं थी।

बापू ने 'कम्युनल अवार्ड' (साम्प्रदायिक निर्णय) के लिए उपवास किये थे। उस समय डॉक्टर आम्बेडकर के साथ कुछ चर्चा चल रही थी। सभी चाहते थे कि उपवास जल्दी समाप्त हो। रवीन्द्रनाथ उस समय वहाँ पहुँच गये। उन पर बापू के उपवास का बेजा दबाव पड़ा और उन्होंने 'पूना-पैक्ट' को मन से पसन्द न करते हुए भी, मान्यता दी, ऐसा बाद की घटना

पर से कहना पड़ता है।

रवीन्द्रनाथ का चित्त तात्कालिक परिस्थितियों, आन्दोलनों, हलचलों वग़ैरह से ऊपर उठा हुआ था। विवेकानन्द वग़ैरह भारतीय साहित्य, संस्कृत-साहित्य में जितने प्रविष्ट थे, रवीन्द्रनाथ भारत की सारी सभ्यता में उससे बहुत ज़्यादा प्रविष्ट थे। उनकी तुलना मैं कालिदास के साथ करता हूँ। प्राचीन काल में कालिदास हुए, उनके बाद उस कोटि का व्यक्तित्व, सर्वतोमुखी प्रतिभा उनमें थी। फिर भी भारत की यह विशेषता है कि विश्व-मानुष के साथ दुर्लभं भारते जन्म की भावना भी उनमें पायी जाती है। अयिं भुवनमनोमोहिनी (भारत का गीत), सोनार बाँङ्ला (बंगाल का गीत) वग़ैरह से स्पष्ट है कि वे बिलकुल नीचे से लेकर ऊपर तक जितनी सतहें (स्ट्रैटा) हैं, सबको समझ सकते थे। लेकिन इतना होते हुए भी उन्होंने अपना मन अलिप्त रखा। यहाँ तक कि गाँधीजी जैसे के लिए अत्यन्त आदर होते हुए भी जहाँ उन्होंने देखा कि 'बाउण्डरी क्रास' (विदेशी कपड़ों की होली) हो रही है, वहीं उसके ख़िलाफ़ आवाज़ उठायी। कहा कि 'यह ठीक नहीं।' गाँधीजी ने 'हमारे आलस्य की मूर्ति' वग़ैरह कहकर उसे प्रतीकात्मक (सिम्बालिकल) रूप देकर बचाव कर लिया कि "हम कपड़े को नहीं, अपने आलस्य को जला रहे हैं", वग़ैरह। लेकिन रवीन्द्रनाथ उसे स्वीकार न कर सके। इस प्रकार रवीन्द्रनाथ अलिप्त रहे, यह उनकी बहुत ही बड़ी विशेषता मानी जायेगी।

भारत प्रेम

कुछ दिन पहले इंग्लैण्ड की एक बहन ने एक पत्रक प्रकाशित करके पूछा है कि 'हिन्दुस्तान के लोगों, आप यह क्या कर रहे हैं? इंग्लैण्ड और हिन्दुस्तान का बहुत पुराना सम्बन्ध है। आपको आज इंग्लैण्ड की अवश्य मदद करनी चाहिए।' रवीन्द्रनाथ ने उसको बहुत कड़क जवाब दिया है। रविबाबू कभी राजनैतिक विषयों पर बोलते नहीं। समूची दुनिया के लिए प्रेमभाव रखते हैं। उनकी संस्था में दुनियाभर के लोग शिक्षा लेने आते हैं। वे मानते हैं कि सभी राष्ट्र एकसाथ प्रेम से रहें। पहले एक बार असहकार आन्दोलन को उन्होंने परामर्श दिया था कि बहिष्कार का कार्यक्रम नहीं लेना चाहिए, उससे द्वेष बढ़ता है, हिन्दुस्तान को यह शोभा नहीं देता। ऐसा विश्वप्रेमी मनुष्य! लेकिन वह पत्रक पढ़कर उस अस्सी साल के वृद्धजन

का चित्त सन्तप्त हुआ और उन्होंने उसका जवाब दिया कि इसमें कोई शक नहीं कि इंग्लैण्ड पर बड़ी आपत्ति आयी है, लेकिन ऐसी आपत्ति की हालत में भी अण्डा-फल-अन्न-सामग्री से भरे अमेरिका के जहाज़ इंग्लैण्ड के किनारे पर व्यवस्थितरूप से पहुँच रहे हैं। लेकिन आज सैकड़ों वर्षों से मलेरिया आदि बीमारियों से ग्रस्त भूखे-कंगाल हिन्दुस्तान के किनारे पर कौन-से अनाज के जहाज़ आ रहे हैं? इतनी आपत्ति में भी आपकी जितनी ख़राब हालत नहीं होगी, उतनी इन डेढ़-सौ वर्षों में हमारी हुई है। ऐसे हमसे मदद की अपेक्षा कैसे रखी जाती है? वह विश्वकुटुम्बी मनुष्य तीव्र छटपटाहट से ऐसी बात बोल रहा है।

कलाकार भक्त

गुरुदेव के गीत संगीत के ख़याल से गाये जाते हैं, जैसे मीराबाई के गाये जाते हैं, और इसलिए वे ऊँचे वर्ग में चलते हैं। उनमें भाव तो होते ही हैं, अतः गाते-गाते कुछ भाव भी छू जाते हैं। यह तो उन गीतों की महिमा है, गानेवाले की या सुननेवाले की नहीं। गाने-सुननेवाले तो संगीत के ख़याल से गाते-सुनते हैं और संगीत में जो अच्छे राग होते हैं, उनमें तन्मय हो जाते हैं। वह रागासक्ति है। उसका भी उपयोग है। ख़राब गीत सुनते रहने से ख़राब असर होता है, भले ही उसमें संगीत हो। अच्छे गीत गाये जायें, तो अच्छा असर होता है। फिर भले ही वे संगीत के ख़याल से सुने जायें, तो भी उसका उपयोग है। लेकिन अक्सर देखा गया है कि जिसे 'हिन्दुस्तानी-संगीत' कहते हैं, वह ज़्यादातर गवैयों ने गाया हुआ होता है। लेकिन सन्तों के भजन तो भक्तिपरक ही होते हैं। सन्त संगीत का कुछ ज्ञान तो रखते ही होंगे, लेकिन उसका ख़याल नहीं करते थे। संगीत के लिहाज़ से ही लिखें और संगीत के लिहाज़ से ही सोचें, ऐसी दृष्टि रखनेवाले इन दोनों से अलग होते हैं। गुरुदेव में दोनों का योग हुआ है।

इस प्रकार की मिसाल कर्नाटक-संगीत में देखने को मिलती है। त्यागराज, पुरन्दरदास आदि संगीत की वृत्ति से भजन गानेवाले थे। उनके भजन सारे भक्तिपरक ही थे। तो वहाँ एक स्वतन्त्र संगीत-पद्धति की स्थापना हुई, जिसे 'कर्नाटक-संगीत' कहते हैं। इधर 'रवीन्द्र-संगीत' चला—भक्ति के साथ संगीत का मेल कर एक नया संगीत बना दिया। अब इसमें एक ख़तरा रहता है। संगीत के कारण उसमें जो भाव-दृष्टि है, उधर उत्तरोत्तर

ध्यान कम होता जाता है। ऐसा नहीं होना चाहिए। गुरुदेव के गीतों में जिस दृष्टि का इंगित है, उसका भी अध्ययन होना चाहिए।

शिक्षितों का दायित्व

गुरुदेव के गीतों की भाषा संस्कृत-प्रचुर होती है। मिसाल के तौर पर—

ध्वनिल आह्वान मधुर गम्भीर प्रभात-अम्बर-माझे

इसका संस्कृत होगा—ध्वनितं आह्वानं मधुरं गम्भीरं प्रभातांबरे मध्ये। संस्कृत-विभक्ति के रूप छोड़ दिये और बंगला-विभक्ति के रूप लगा दिये, शब्द सारे-के-सारे संस्कृत ही हैं।

ऐसी ही दूसरी मिसाल—पतन-अभ्युदय-बन्धुर पन्था। अब यह बन्धुर क्या है? इसके दो अर्थ हैं—एक मुख्य अर्थ है टेढ़ा-मेढ़ा और दूसरा अर्थ है सुन्दर। पहाड़ों में से जो रास्ते जाते हैं, वे कभी ऊपर जाते हैं, कभी नीचे। ऐसे टेढ़े-मेढ़े और सुन्दर रास्ते को 'बन्धुर' कहते हैं। पतन यानी नीचे उतरना, अभ्युदय यानी ऊपर चढ़ना। कभी ऊपर, कभी नीचे, ऐसे बन्धुर रास्ते की उपमा गुरुदेव ने दी है। ऐसे शब्द उनके गीतों में आते हैं और समझने में कठिन होते हैं। गान-माधुर्य और भाव-गाम्भीर्य कम कर केवल प्राकृत शब्दों का इस्तेमाल करें, तो साहित्यिक का समाधान नहीं होता। इसलिए गानमाधुर्य और भाव-गाम्भीर्य दोनों ध्यान में लेकर शब्द चुनना पड़ता है। इसीलिए ये गीत ऊँचे वर्ग में चलते हैं।

ये गीत ग्रामीण लोग सीधा समझें, ऐसी अपेक्षा नहीं रख सकते। 'रामकृष्ण-कथामृत' जैसी किताबें ग्रामीण लोग समझ सकते हैं, क्योंकि वे अनपढ़ों की भाषा में ही हैं। लेकिन गुरुदेव के साहित्य में सूक्ष्म दृष्टि है। तो शिक्षित-वर्ग इसका अध्ययन करे और इन गीतों को गाँव-गाँव तक पहुँचाये।

पूर्वपरम्परा का आधार

मैंने अभी एक महापुरुष की पुस्तक पढ़ी। वे बहुत बुद्धिमान मनुष्य हैं। उनका नाम है अल्बर्ट श्वाइत्झर। उन्होंने हिन्दू तत्त्वज्ञान के बारे में लिखा है। उसमें लिखा है कि आधुनिक ज़माने में रवीन्द्रनाथ को तत्त्वज्ञान की दृष्टि थी। ऐसा कहकर उन्होंने एक वाक्य जोड़ दिया कि रवीन्द्रनाथ नये-

नये विचार पेश करते हैं, यह बहुत अच्छी, उत्साहजनक बात है; लेकिन उन विचारों के लिए वे उपनिषद का आधार ढूँढ़ते हैं। इसे उन्होंने रवीन्द्रनाथ का अवगुण बताया। अगर यह अवगुण है तो वह हमारी सारी परम्पराओं में है। जिन्होंने लोगों के सामने बिलकुल नये विचार पेश किये ऐसे अन्य लोगों ने भी उपनिषद का आधार लिया है। यह भारत की विशेषता है कि यहाँ युग के अनुकूल नये विचार निकालते हैं और उसका सम्बन्ध पुराने शास्त्रों से जोड़ देते हैं। पुराना इसलिए भी देखना चाहिए कि जो खोजें हो गयीं, उन्हें हम जान लें और उसके आधार से नयी खोज करें। पुराने रास्ते की जानकारी होने पर आगे नया रास्ता दीखता है।

रवीन्द्रनाथ के लिए कोई नहीं कहता कि उनमें संकुचित भावना थी। फिर भी उन्होंने जो कुछ लिखा वह सारा-का-सारा बंगाली भाषा में लिखा। उसमें अपना सार-सर्वस्व डाल दिया। इसके लिए क्या कोई कहेगा कि वे पक्षपाती थे? ऐसा कोई नहीं कहता, कहना उचित भी नहीं है। मनुष्य जिस समाज में पैदा होता है, उसे छोड़कर वह दुनिया को कैसे पकड़ सकता है? जिस समाज में पैदा होता है, उसी को पकड़कर दुनिया को छोड़ना भी ग़लत है। अतएव उसी को पकड़कर दुनिया को पकड़ना ही स्वाभाविक है। लोकमान्य तिलक, श्रीअरविन्द, विवेकानन्द आदि जिस समाज में पैदा हुए उसका रस वे कैसे छोड़ते? रवीन्द्रनाथ को उपनिषदों के वचनों से जो रस मिला, उसको वे छोड़ देते, तो उन्हें शक्ति नहीं मिलती। इसलिए उन्होंने हिन्दुओं की जाग्रति की फिर भी उनका मन संकुचित नहीं था, बहुत विशाल था।

मैंने रवीन्द्रनाथ के लेख और ग्रन्थ बहुत नहीं पढ़े हैं। गीतांजलि, पूजागीत और दो-चार इधर-उधर की चीज़ें पढ़ने से उनका अध्ययन हमने किया, ऐसा नहीं कह सकते। गीतांजलि से हमें उतना लाभ नहीं हुआ, जितना कि उसके कारण भारत गौरवान्वित हुआ, इसका लाभ हुआ।

'साधना' शब्द रवीन्द्रनाथ ने दिया है। पुराने ग्रन्थों में यह शब्द मिलता नहीं। पुरातन शब्द साधन है। 'साध्यं साधनम्' इस तरह का वाक्य मिलता है, परन्तु आकारांत स्त्रीलिंगी शब्द मिलता नहीं। यह कवि की विशेषता

है कि वे नये-नये शब्द दिया करते हैं। यह शब्द रवीन्द्रनाथ से मिला और भारत की सारी भाषाओं में इतना चल पड़ा है कि चलंतिका (करंट कॉईन) में आ गया है।

इंग्लिश में 'सेंट एण्ड सेज' (सन्त और ऋषि) ऐसा जरा फ़र्क़ करते हैं। उस दृष्टि से देखें, तो रवीन्द्रनाथ 'सेंट' की कोटि में नहीं, 'सेज' की कोटि में आते हैं।

चैतन्य महाप्रभु, रामकृष्ण परमहंस और रवीन्द्रनाथ का जो असर आज बंगाल पर है, वह बंगाल के किसी भी राजा का नहीं। रवीन्द्रनाथ के गीत लोग गाते हैं। उसमें साहित्यिक मूल्य है, इसलिए हिन्दू-मुसलमान सभी उनके गीत गाते हैं।

वड्‌र्सवर्थ

वड्‌र्सवर्थ अँग्रेज़ी के एक महान कवि थे। उनकी एक छोटी-सी कविता है। उसमें उन्होंने व्यक्त किया है कि मेरा स्मारक कैसे बनाया जाये। लिखा है कि अमुक जगह मैं रोज़ एक टीले पर जाता था, वहाँ अनेक पत्थर पड़े हैं। उनमें से बहुत-से अच्छे-अच्छे पत्थर खोजकर लोग ले गये और उन पर कारीगरी की। मैंने देखा कि एक पत्थर, जो कारीगरी के लिए उपयोगी नहीं था, वहाँ पड़ा हुआ है। उसकी ओर किसी का ध्यान नहीं गया। वह मेरे स्मारक के लिए चुना जाये और उस पर लिखा जाये कि 'वन ऑफ़ मेनी'—बहुतों में से एक। यह आकांक्षा थी वड्‌र्सवर्थ की। वह कोई छोटा मनुष्य नहीं था। लेकिन उसने यह पसन्द नहीं किया कि स्मारक पर अपना नाम हो। बहुतों में से एक रहना, इसमें ही आनन्द है।

वड्‌र्सवर्थ ने चण्डूल पक्षी के लिए कहा है—ए टाइप ऑफ़ दि वाइज दैट सोअर्स बट नेवर रोम्स ट्रु टु दि किंडर्ड पॉइण्ट ऑफ़ हेवन अॅण्ड होम—वह एक ज्ञानी पुरुष की मूर्ति है। चण्डूल ख़ूब भटकता है, परन्तु भटकते हुए भी वह स्वर्ग की ओर दृष्टि रखता है और अपने घोंसले की तरफ़ भी बराबर नज़र रखता है। वह केवल स्वर्ग का ध्यान रखता और घोंसले का ध्यान न रखता तो वह भटकता है, ऐसा कहा जाता। और यदि वह सिर्फ़ घोंसले की ओर ही नज़र रखता, स्वर्ग की ओर नज़र न रखता, तो वह घर में ही रहता। परन्तु वह घोंसला और आसमान, दोनों ओर ध्यान रखता है। इसलिए उसका वह भटकना 'विहार' कहा जाता है। ऐसी क्या चीज़ है, जो उसे भटकने नहीं देती? वह चीज़ 'घर' है। उसमें आकर्षण भरा है। वहाँ बच्चे हैं। नामदेव ने लिखा है—उडाली पक्षिणी गेली अन्तराळीं। चित्त बाळाजवळीं ठेवूनियाँ। मादा पक्षी आसमान में उड़ रहा है, परन्तु उसका

चित्त बालक के पास ही रखा हुआ है।

वड्र्सवर्थ के उपमेय को नामदेव ने बिलकुल उलट दिया है। वड्र्सवर्थ के पक्षी के लिए स्वर्ग में परमेश्वर है और घोंसले में परिवार। एक ओर जनसमाज की सेवा का आकर्षण है, तो दूसरी ओर ईश्वर-दर्शन की तृष्णा। स्वर्ग ऊपर है, इसलिए ऊपर उठना है। घर नीचे है, इसलिए नीचे आना है। इस तरह दोनों की निष्ठा रखना बुद्धिमान लोगों का लक्षण है। गीता में बुद्धिमान लोगों का लक्षण बताया—कर्मण्यकर्म यः पश्येदकर्मणि च कर्म यः। सः बुद्धिमान् मनुष्येषु। परन्तु नामदेव ने वड्र्सवर्थ की उपमा को उलटकर कहा कि जैसे स्वैर विहार में पक्षी अपने बालक की ओर चित्त रखता है, वैसे ही संसाररूपी आसमान में इधर-उधर भटकते रहने पर भी हमारा चित्त तो अपने मूलधाम में ही, जहाँ तुम बालकवत् सो रहे हो, लगा रहेगा। जहाँ वड्र्सवर्थ का भगवान आसमान में और समाज, संसार घोंसले में है, वहीं नामदेव का भगवान घोंसले में है। नामदेव की उपमा में पक्षी चारों ओर आसमान में उड़ तो रहा है, लेकिन चित्त एक ही जगह, भगवान में ही है।

वड्र्सवर्थ अपनी एक कविता में ऊँचे उड़नेवाले चण्डूल पक्षी को सम्बोधित कर कहता है, 'मुझे अपने साथ ऊँचा उठा ले जा, या ऊँचा कैसे जाना, यह मुझे सिखा दे। तेरे चारों ओर, उस ऊँचाई पर एक पागलपन फैला है और मेरे चारों ओर सयानेपन का वातावरण फैला हुआ है। मैं अब इस सयानेपन से ऊब गया हूँ। अपने पागलपन का थोड़ा अनुभव मुझे दे।'

—सम्पूर्ण जगत् के सब विचारों को छोड़कर एकान्त में आत्मचिन्तन या विश्वचिन्तन करनेवाले क्या सचमुच पागल ही नहीं हैं? भाग्यवानों को ही वह प्राप्त होता है।

यदि हममें शरीर, मन, समाज और सारे संसार से अलग रहकर जीने की क्षमता आ सकती है, तो हम एकान्त में जीने की साधना कर सकेंगे। भगवान ने उसे ज्ञान के लक्षणों में बताया है—विविक्तदेशसेवित्वं अरतिर्जनसंसदि। ज्ञान कभी संसार में बैठकर नहीं मिलेगा। संसार से दूर, मन की ऊँचाई-निचाइयों से दूर, शरीर की आसक्तियों से दूर रहकर तटस्थभाव से देखेंगे तभी ज्ञान की महान् साधना करने में सफल हो सकेंगे।

कुछ लोग भक्ति के आवेग में ज़ोर-शोर से नाचते हैं, रोते हैं। मेरा मन इसके अनुकूल नहीं है। इमोशन्स (भावनाएँ) मन में होती हैं। उन भावनाओं का प्रदर्शन करने की, उन्हें व्यक्त करने की ज़रूरत नहीं होनी चाहिए। उन्हें व्यक्त करेंगे, तो जैसे भाप उड़ जाती है, वैसे भाव भी उड़ जायेंगे। उनको हृदय-सम्पुट में सँजोये रखेंगे, तो शक्ति पैदा होगी।

वड्र्सवर्थ का वचन है, गॉड अॅप्रूव्ज़ ऑफ़ डेफ्थ अॅण्ड नॉट दी ट्युमुल्ट ऑफ़ दि सोल—भगवान को हृदय के आवेग की अपेक्षा गहराई अधिक प्रिय है। उपासना में तड़पन काम की नहीं, गहराई चाहिए।

बहुत गहरा विचार है। अँसुवन जल सींच सींच प्रेमबेलि बोई। प्राथमिक अवस्था में आवेग होगा ही। वहाँ से वह सहजता से हृदय की गहराई में स्थिर हो जायेगा। इसलिए आवेग का भय न रखें। उसे हृदय के गर्भगृह में बन्द करके रख दें, तो वह अपने आप ही शक्तिशाली हो जाता है।

धृति नाम की कोई शक्ति है, जिससे उत्साह टिका रहता है। उसके बिना उत्साह का उभार आयेगा-जायेगा और शक्ति क्षीण होगी। उत्साह आता है जाता है, तो उससे बेहतर है कि वह आये ही नहीं, ताकि जाने का मौक़ा न रहे। वड्र्सवर्थ ने लिखा था—गेटिंग अॅण्ड स्पेडिंग वुई ले वेस्ट पावर्स—प्राप्त करने और ख़र्च करने में हम अपनी ताक़त को क्षीण करते हैं। उत्साह आया और गया तो काम नहीं होता। उसके साथ धीरज भी चाहिए। गीता के शब्दों में 'धृत्युत्साह' दोनों इकट्ठा होना चाहिए।

वड्र्सवर्थ ने मिल्टन के लिए कहा है—हे मिल्टन, तुम्हारी आत्मा एक सितारे के समान अलग रही—दाय सोल लाइक ए स्टार अॅण्ड ड्वेल्ट अपार्ट। सितारा स्वयं प्रकाशित होता है और ऊँचा, ऊपर होता है, वैसे तुम अलिप्त हो। दुनिया से एकदम ऊपर! समूचा व्यवहार बीच के स्तर पर होता है। लेकिन उसको उसका स्पर्श नहीं होता।

वड्र्सवर्थ बड़े दुख से कहता है—"पहले जब मैं इन्द्रधनुष देखता था, तो नाच उठता था। हृदय हिलोरें मारने लगता था। पर आज मैं क्यों नहीं नाच उठता? पहले की जीवन-माधुरी खोकर कहीं मैं पत्थर तो नहीं बन गया?"

वड्र्सवर्थ का ख़याल था कि "जैसे-जैसे मैं बड़ा हुआ, वैसे-वैसे भगवान से दूर चला गया हूँ।" मतलब कि जब मनुष्य जन्म लेता है, बच्चा भगवान के पास से आता है, तब वह भगवान के नज़दीक होता है।

इसलिए उसका मन अत्यन्त सरल होता है।

वड्र्सवर्थ ने लिखा है—हेवन लाइज विथ अस इन इनफेंसी—हमारे बचपन में भगवान हमारे नज़दीक रहता है। लेकिन फिर धीरे-धीरे मनुष्य भगवान को भूलता जाता है और दुनिया को याद करता है। दुनिया के अनेक रंग उस पर चढ़ते हैं।

स्लो टु बिगिन ऑण्ड नेवर एंडिंग—बहुत सुन्दर वाक्य है। प्रथम अपना काम स्थिर करने की दृष्टि रहे। जिस गाँव में हमें काम करना है, वहाँ की सब प्रकार की जानकारी हमें धीरे-धीरे प्राप्त करनी है। परिचय की उतावली न करें। जो कुछ भी परिचय करना है वह सहज, निश्चित, चुना हुआ और स्थिर हो।

वड्र्सवर्थ की एक प्रसिद्ध कविता है—वी आर सेवन, अर्थात् हम सात हैं। कविता में एक बालिका अपने मरे हुए भाई को गिनकर कहती है कि हम सात हैं। आत्मा की अमरता का ज्ञान उसे सहज प्राप्त है।

प्रतिभावान साहित्यिकों में से किसी की आदि कृति उत्तम होती है, किसी की अन्तिम उत्तम होती है। वड्र्सवर्थ की प्रारम्भ की कृति उत्तम थी।

मनुष्य का हार्द दस चीज़ों में नहीं उँडेला जा सकता। बोलने की आदत होती है, तो बोला जाता है। लिखने की आदत से लिखा जाता है। भावनाशील को अपना सभी एकरस लगता है। एकरस वह होता है लेकिन सरस नहीं होता। यह उसकी समझ में नहीं आता, दूसरा समझ सकता है। वड्र्सवर्थ को लगता था कि मेरी हर कविता लेखनी से नहीं हृदय से लिखी है। लेकिन वड्र्सवर्थ के परम भक्त मैथ्यू आर्नोल्ड ने उसकी कविताओं का चुनाव किया है। वह चुनाव वड्र्सवर्थ की समग्र कविता का दसवाँ हिस्सा भी नहीं।

शेक्सपियर

मुझे बार-बार शेक्सपियर के वे शब्द याद आते हैं जो बचपन में पढ़े थे— देअर इज़ ए टाइड इन द अफेयर्स ऑफ़ मैन—मानव के जीवन में एक उन्नत क्षण आता है जिसमें मानव एकदम ऊँचा उठता है।

शेक्सपियर ने सेवन स्टेजेस ऑफ़ मैन—मनुष्य की सात अवस्थाएँ— लिखा है। मनुष्य नाटक कर रहा है और वह सात अवस्थाओं में प्रकट होता है, (सप्तांक नाटक)। हमारे यहाँ भागवत ने वीर्य-बिन्दु से लेकर मृत्यु तक की नौ अवस्थायें बतायी हैं।

अहिंसा में यह शक्ति है कि अगर मार खानेवाला सादर धैर्यपूर्वक सहन करेगा तो उसका और जो मार रहा है उसका भी लाभ होगा। शेक्सपियर का वाक्य है—इट ब्लेसेथ हिम दैट गिव्ज़ ॲण्ड दैट देक्स—अहिंसा का उभय परिणाम आता है।

शेक्सपियर ने एक कविता में लिखा है कि अगर आपका मित्र आज शाम को परलोक जानेवाला है, यह आपको सुबह मालूम हो जाता, तो उसे जो कठोर वचन कहे, वे क्या आप कहते? शेक्सपियर के इस पद्य का मुझ पर विलक्षण असर हुआ। मेरा स्वाभाविक क्रोध उस वचन से आधा कम हो गया। शरीर की क्षणभंगुरता को लक्ष्य कर यहाँ शेक्सपियर ने अनुराग दिखाया है। सदैव कहा जाता है कि शरीर क्षणभंगुर है, इसलिए वैराग्य धारण करो। किन्तु यहाँ शेक्सपियर कहता है कि शरीर क्षणभंगुर है। इसलिए अनुराग रखो। जो इस पर ध्यान देगा, शान्ति रखेगा, वह कभी कटु नहीं बोलेगा।

वास्तव में शिक्षा तो इस अनन्त विश्व के प्रत्येक पदार्थ से मानव को

लगातार प्राप्त होती रहती है। उसमें कभी बाधा नहीं पड़ती। शेक्सपियर कहता है—बहते हुए झरनों में सद्ग्रन्थ मिलते हैं, पत्थरों-चट्टानों से प्रवचन सुनायी पड़ते हैं। सृष्टि में जितने भी पदार्थ हैं सबमें शिक्षा के सारे तत्त्व भरे पड़े हैं। वृक्ष-वनस्पति, पुष्प, नदियाँ, पर्वत, आकाश, तारे आदि सभी अपने-अपने ढंग से मनुष्य को शिक्षा दे रहे हैं।

शेक्सपियर ने कहा है—अगर इच्छा ही घोड़ा बन सकती, तो प्रत्येक मनुष्य घुड़सवार हो जाता। लेकिन ऐसा हो नहीं सकता यह निष्ठुर सत्य है।

मिल्टन

मिल्टन कविता तो बहुत अच्छी लिखता था, पर राजनीति में बहुत पड़ा था। लेकिन जब वह अन्धा हो गया, तो उसकी राजनीति छूट गयी। उससे पहले वह हर रोज़ राजनीति पर लिखता था। वह आज कोई भी नहीं पढ़ता। जो कोई मिल्टन को पढ़ता है, उसका 'पैराडाइज लॉस्ट' ग्रन्थ ही पढ़ता है। जब उसकी आँखें चली गयीं, तो उसने महसूस किया कि मेरी बड़ी भारी शक्ति गयी, अब मैं न तो पढ़ सकता हूँ और न लिख सकता हूँ। दूसरों की मदद के बिना व्यवहार भी नहीं कर सकता। अपने साधन गये और दूसरों पर आधार रखना पड़ेगा। इस तरह दुगुना दबाव आया। एक गीत में वह लिखता है—मैंने अपने से पूछा, प्रकाश तो परमेश्वर ने छीन लिया है। फिर वह क्या प्रकाश में किये जानेवाले कर्तव्यों की मुझसे अपेक्षा करेगा ? यह तो हो नहीं सकता। इतने में अन्दर से धैर्य की आवाज़ आयी...दे आल्सो सर्व हू ओन्ली स्टैण्ड ॲण्ड वेट। अन्दर शिकायत चल रही थी। उसे मिटाने के लिए धैर्य बोल रहा है कि ''परमेश्वर मनुष्य से काम नहीं चाहता है, क्योंकि वह काम तो उसी का दिया हुआ है। अपना ही दिया हुआ दान कौन वापस चाहेगा ? उसमें कौन बड़ी बात है ? लाखों-करोड़ों उसकी सेवा में दौड़ रहे हैं, तब मेरे जैसा नहीं दौड़ता है, तो क्या होगा ? सेवा के लिए आँख की ज़रूरत नहीं है। जो खड़े रहेंगे, स्थिर रहेंगे, राह देखेंगे, स्थिरता-धैर्य और शान्ति रखेंगे वे भी सेवा करेंगे।'' स्टैण्ड यानी स्थिर रहना। स्था धातु पर से ये दोनों शब्द आये हैं।

मैंने इसमें ज़रा फ़र्क़ किया है—'दोज अलोन सर्व हू स्टैण्ड ॲण्ड वेट'। 'आल्सो (भी) के बदले 'अलोन' (ही)। मिल्टन ने 'वे भी' लिखा और मैंने 'वे ही' किया। वे ही वास्तव में सेवा करते हैं, जो शान्त रहते हैं, दौड़-

धूप नहीं करते। केवल दौड़-धूप से सेवा नहीं होती इसलिए हम तो सारा ईश्वर पर सौंप देते हैं।

मैं कहना यह चाहता था कि मिल्टन के हाथों दुनिया की वास्तविक सेवा तो उसकी अन्धत्व-प्राप्ति के बाद हुई। अन्धा होने के बाद ही उसने 'पैराडाइज़ लॉस्ट' लिखा। वह बग़ीचे में बैठता था। उसका दिल और दिमाग़ कविता से भरा रहता था। वह अपनी लड़की से लिखवाता था। सारा काव्य उसने बोलकर लिखवाया। मनुष्य को लगता है कि आँखों में बहुत शक्ति है। आँखें गयीं, तो क्या होगा ? पर यह तब तक होता है, जब तक आत्मशक्ति का भान नहीं होता। तब तक मूलशक्ति को छोड़कर प्रतिबिम्ब को ही पकड़ रखते हैं। कान या आँखें काट कर यहाँ रखी जायें, तो उनमें क्या शक्ति रहेगी ? कान और आँखों में जो शक्ति है वह अन्दर की किसी चीज़ के साथ चिपके रहने से आयी है। वह चीज़ क्या है ? इसका उत्तर केवल 'शरीर' नहीं है। वह चीज़ है 'आत्मशक्ति', जो आँख, कान आदि से प्रकट होती है।

जीवन की दृष्टि से सोचा जाये तो शेक्सपियर और मिल्टन अपने ग्रन्थों की अपेक्षा छोटे थे।